星象命理系列5

解開靈界之謎-續 物質界的終局

Untied the mystery of the Spiritual World (II) - The last chapter of material world

陳信義著

 博客思出版社

目録

十二、重生篇   32

作者序

自從上冊推出後，常有讀者詢問作者靈界的問題，由於數量眾多，作者天天都要處理，就延遲了下冊面世，望各位多多見諒。

正如上冊所說，靈界的存在，背後有結實的科學證據支持，可謂無可推諉。它每天都切實地影響我們的生活，只不過由於主流沒有研究，我們才覺得它有點玄幻而已。事實上，不少「小說」和「動漫」的用詞，都是從靈界借用的，後來流行了，大家還以為是原創的呢。

上冊提要：作者當風水師時，學會了中國的「玄空飛星術」及小亞細亞的「鍊金術」，後來與邪靈交往日深，才了解到人類歷史之所以會如此發展，是因為受靈界支配。這是由於「人類的靈魂」對他們甚有價值，所以他們才要佈局，去創造一個易於支配人類靈魂的世界。

正因邪靈控制著世界，所以由平民百姓，到國際領袖，都成了欲望的奴隸。他們生要為虛榮筋疲力竭，死要為滿足邪靈的欲望飽受折磨，卻不知道自己身受其害。正因如此，作者才不遺餘力，要把真相公諸於世，完成了上冊《解開靈界之謎》。

然而，上冊只是展述了邪靈「支配世界的方法」，卻沒有進一步講出創造這個物質界的「終極之神」為何沒有阻止他們。事實上，創世之神既是全能的，又為何不去阻止邪靈奴役人呢？原來一切祂都心裏有數。

到底祂是如何佈局呢？又為何要如此佈局呢？真相又是如何的呢？一切答案，盡在《解開靈界之謎（續）：物質界的終局》

前言

前作《解開靈界之謎》闡述了靈界的基本概念，包括「靈界是甚麼」、「宇宙的結構」、「天使的來歷」、「邪靈的目標」、「東西方邪術的原理」、「人死後會有甚麼經歷」、「地獄的實況紀錄」等等。今集《解開靈界之謎（續）：物質界的終局》會緊接前作，進一步講述靈界各種勢力干涉世界的情況，以致今日世界發展成這個局面，及在世界終局裏，天地萬物最終會如何。

正如前作《解開靈界之謎》所說，在一個常態的社會中，人死後就會被扯進「地獄」，淪為邪靈的玩具。今作《解開靈界之謎（續）：物質界的終局》會在這死局上，開展出創世之神的真正計劃，以及祂如何解救人，前往祂管轄的空間「天國」裏。

這裏有一個很現實的問題：一直以來我們所理解的「天國」都是「天天站在白雲上唱聖詩，唱足一年十二個月、一星期七天」，這不是比地獄更地獄麼？因此作者能進出靈界後，就親自前往天國了解。事實上，作者進到天國後，不單對它有了全新的理解，還感到汗顏，原來真正的「理想世界」是這麼一回事。

究竟真正的「天國」是怎樣的？它又是如何運作呢？在《解開靈界之謎（續）：物質界的終局》裏，你會知道答案。

附註

- 本書刻意不採用表達動物的「牠」去代表邪靈，一概只用「他」來表達。因為本書僅希望客觀地陳述靈界的活動，不希望身份的不同引致先入為主。

- 本書的「宇宙」，指的不單是物質世界，也包括了靈界。這是因為坊間並無一個適用的詞語去形容「物質界加上靈界」這概念，所以就姑且用「宇宙」這個詞去表達。

有關本書的資料來源

- 當閣下閱讀本書時，會產生一個疑問：為甚麼作者會知道這些事呢？對不起，恕作者不能回答。不過作者保證，您讀完這本書後，自然會明白作者的資料來源。

第拾、

「力足者取乎人，力不足者取乎天。」──
柳宗元[1]

上冊提要：人一旦接觸世界，就會「靠自己」，一旦「靠自己」，就會被邪靈扯進地獄。在這個死局下，似乎人人都要進地獄了，還有甚麼出路呢？原來在神沒有難成的事。

【世事】

神造這世界，是想人「依靠祂」，**不過許多人選擇「靠自己」**，他們死後就如願以償，落入一個「人人都靠自己」的靈界空間裏，與別人競爭，最後被強大的「邪靈」虜略（他們每個都活了幾千年），**那地方就被稱為「地獄」。**

但讓我們想想：為甚麼他們要「靠自己」呢？**是因為日夜受世界催眠**，耳濡目染之下，就習慣成自然。比如李姊日夜鍛鍊「媚功」，最後鉗住了一個富翁，歸功於自己也是很自然的。

但她這樣理解正確嗎？**其實萬事都受創世神支配**，是祂讓李姊遇上了這富翁，又使被迷惑，李姐才會成功。因此一切事情，其實都是經創世神「批准」才會發生的，**但人卻看不出來。**

因此人會不會「靠自己」，**其實並不在乎他遇上甚麼事，而是在乎他看不看得出這些事都由神控制**。如果他看得出來，那麼即使他活再平平無奇都好，都懂得感恩；相反他看不出來，**就算「愛滋病」**痊癒了，也不會有甚麼感覺。

問題是：怎樣才能看出萬事由神掌控呢？**至少要聽過「神」才可以，**這正正就是困難所在。

【痴情】

人要聽過「神」，才能說祂「可不可靠」，**但這原來絕不容易，因為神是「看不見」的，人無緣無故才不會想起這些**東西。然而在漫長的歷史裏，總是有機會的。

話說在公元前 4000 年（B.C. 4000），第一個人「亞當」被逐出伊甸園後，**他手上只剩下一件神留給他的「羊皮衣」**(2)。這件「羊皮衣」雖不值錢，**卻深深吸引著他兒子「亞伯」，使他每逢看見羊隻，都**會想：「究竟何日才能與神再相見呢？」

這份痴情深深打動了神，**神就特別寵愛他**，使他無論做任何事盡都順利，**甚至強到連他哥哥「該隱(Cain)」都嫉妒到打死了他**(3)。雖然如此，卻無阻創世神的愛，祂決定把對這份情「過戶」給他弟弟「塞特」，使他做事同樣順利。

塞特為了報答神，就不時「興建木壇，在壇上擺放祭牲燒給祂」(4)，這種儀式稱為「**獻祭(Sacrifice)**」。獻祭不是真的要把東西「燒給神」，而是希望用這種「傻行」討好祂，**奇怪的是創世神真的被他感動了。**

雖然神理解他，但他的「怪行」卻引起旁人費解，問他「為甚麼要這樣做？」於是塞特就解釋：「這是為了報答創世神」。就是這樣，世人就開始知道了「創世神」的存在，**開始觀察祂有多屬害了。**

【傳染】

獻祭之所以會引人注意，是因為它很「怪」，不似世界一般行為。**一般人總是要把東西「用盡 (Use)」**，比如李姊結交了一個富翁，就會叫他「買禮物、付款吃飯、資助生活」，否則要這個富翁來做甚麼？人看塞特「獻祭」把食材一把火燒掉不要來吃，也是如此浪費。

問題是：他雖然這麼浪費，但神使他凡事順利，就活得比人好，**這就難免叫人歸咎他背後有「超自然力量」了。**正是如此，他就成了天國的「招牌」，**他越順利，人們就會覺得他背後的神越威猛，越想投靠祂。**

正因人們已經記住了這個威猛的神，所以日後走投無路時，**也會去投靠祂試試**，這樣神就有機會出手收伏他們了。就是這樣，**神就能奪回世人的心。**

【撕裂】

神之所以能奪回世人的心，是因為人走投無路時，總會「拍天國的門」試試，因此天國總不會讓人活得安然無恙，卻是要給人一些「**苦難(Tribulation)**」。

苦難的真面目是甚麼？其實不是甚麼「事」，**而是「安全感被撕裂」的感覺**。比如李先生的公司每個月總有三億元的經常性支出，雖然不少，但因為在計算之內，就不會覺得多肉痛。相反，有天他的公司被爆竊了，雖然只是區區損失區區一千萬，但因為這事不在他預期之內，就會很「肉痛」。為甚麼會這樣呢？**因為這事撕裂了他的安全感。**

面對茫茫天地，**人一直都是靠「經驗」來活的**，比如我們吃東西，總不會事事檢查有沒有毒；我們住房子，也不能天天怕它倒塌，因為要是我們無法相信經驗，就很難活下去。但原來，「**經驗不可信**」**卻是事實**，因為無論怎樣都好，**神都有權使意外隨時發生**，只在乎祂一念之間。

天國為了讓人明白這道理，**只好使人的生活偶而碰壁**，好挫敗人習慣成自然的安全感，**這樣就會使他落入一種迷迷糊糊的精神狀態中**，醫學上稱為「創傷壓力症候群(Post-traumatic Stress Disorder，PTSD)」(5)。PTSD 雖會使人痛苦，但其實它正正能把人從「約制」中解放出來，**使他更容易改變自己。**

比如在十七世紀，物理學家都以為「時間是絕對的」(Absolute time)(6)，即是物體的狀態如何，也不會影響時間運行。但當後來科學家愛因斯坦(Albert　Einstein)發現了「物體在光速移動下，時間不會流逝」，**這就衝擊了他們原有的觀念。**為了調整，他們只好放下己見，最後接受了一套全新的「相對論(Theory of relativity)」(7)。

【抗藥】

人面對「苦難」，有可能改變自己，**也有可能變得更執著。**道理就正如一塊肌肉受傷了，有可能會喪失功能，也有可能會比以前更堅硬。這是因為人面對衝擊時，總有兩個選擇：「投降」或「死撐」。

> 他們曉得義路，竟背棄了傳給他們的聖命，倒不如不曉得為妙。(彼得後書 2:21)

選擇「投降」的人，會好像「科學家接受相對論」一樣，願意更新自己；但選擇「死撐」的人，會用更多道理來支撐自己「原先的信念」，**於是他就會對苦難產生「抗藥性(Resistance)」，**下次再遇到同樣情況就會無動於衷。

例如李先生是個「妓女殺手」，有天他失手被捕了，無法再維持此道了。他若要堅持，**就要有一套「更強硬的信念」去支撐自己**，例如「神明感召」或「替天行道」等等，這套新信念會支撐他的心，只要有一日他假釋出來，就會繼續犯案。

正因如此，創世神若要衝擊這些「強化人」，只好降下更強的災難，但是他若要依然故我，苦難又會被他「再次強化」的信念抵擋，如此周而復此，**最終就沒有事能動搖他**。

【壽元】

人在世界一直撐下去，抱緊的信念就會越來越多，越來越緊架床疊屋，他就會越來越頑固，**最終就沒有事情能衝擊他**，所以神只好趁他還未「心硬」前，拉他回來「依靠神」。

按照現時世界對人靈魂的污染力，從一個人出生起，到他的心完全硬化為止，大概只有一百二十年。時間一過，就沒有人能挽回他，到時神就只能使他死去。正因如此，**人的壽命有一百二十年**(8)。

> 耶和華說：人既屬乎血氣，我的靈就不永遠住在他裏面，然而他的日子還可到一百二十年。(創世記 6:3)

在這一百二十年間，天國會不斷對人軟硬兼施，既降下苦難，又施予憐憫。相反，**邪靈就會不斷淡化這些事的超自然色彩**，讓人安心地「靠自己」活，不去想甚麼怪力亂神。正因如此，邪靈要拉一個人下地獄，**只需守住他一百二十年**。

在漫長的歷史裏，天國正是用盡方法挽回人心，而邪靈就針對這些方法，去「淡化、曲解、引開」，使人無視超自然的事。於是在他們的角力之下，**就展開了一場「靈界的會戰」**。

會戰篇

第拾壹、

「乃知兵者是凶器，聖人不得已而用之。」——李白(1)

　　神為了奪回人心，就降下各種「懲罰」和「拯救」，來呼召世人依靠祂；相反邪靈為了阻止祂，就把這些事情解釋為「偶然」。他們為了達成各自的目的，就引起了歷史上許多重大事件，最後構成了我們眼中的「世界歷史」。

*本章講述的是「歷史為何會如此發展」，如果已經了解（或想遲些才了解），可以直接跳去第十二章「重生篇」，並不會對理構造成困難。

【破綻】

神在上古時代，一直用「獻祭」的人（**塞特及他的後裔**）來代表祂，只要這些人夠**興旺**，旁人就會嘩然：「怎麼如此亂燒食物也會興旺？」於是就能吸引人投靠祂。

這事深深地威脅著邪靈，因為正如上冊所說，邪靈一直承受著天國施加的「靈魂傷害」，**所以他們一直都要靠「控制人類」來療傷**（這是一個在靈魂學裏較深的題目，詳情參上冊《邪靈篇》）(2)，但現在人們投靠神，不再會被他們操控，他們就無法繼續療傷，**靈魂就很快會死亡**。

面對這危機，邪靈決定攻擊神計劃裏一個破綻：**就是太依重「浪費」來吸睛**。事實上，人之所以會留意「獻祭者」，**無非因為他們亂燒食物，異常浪費**，所以只要「浪費」的事多起來，到時見怪不怪了，人就不會再留意。好比女神卡卡(Lady Gaga)穿了一襲「牛肉衫(Beef jerky dress)」(3)，本來是很特別的，但只要讓人們都穿著「犀牛肉衫(Rhino meat dress)」，她就不再有多特別了。

正因如此，**邪靈要使「浪費」的事成行成市**，問題是有甚麼事會比「獻祭」還浪費呢？

【焚子】

邪靈要使「極之浪費」的事流行起來，是甚麼呢？**就是「焚子」**。焚子背後有甚麼含意呢？話說那時是公元前 5000年，流寇和山賊橫行，部族最需要「男丁」來保家衛國，因此「焚子」形同自戕，(4)這種奇怪的事若流行起來，**自然不會有人留意區區「燒食材」了**。

> (摩押王)便將那應當接續他作王的長子，在城上獻為燔祭。
> (列王紀下 3:27)

然而，像「焚子」這類行為，又怎會有人無端去做呢？這就要靠邪靈裏「使人自戕」的專家：**「自殘的靈(Spirit of suicide)」**了。

「自殘的靈」原是「祭祀的天使(Angel of Given)」。話說每逢有人向天獻祭，祭祀的天使都會祝福他們，來「正向強化(**Positive**

Reinforcement)」他們的獻祭行為。然而，後來有三份之一的天使墮落了，「祭祀的天使」也墮落成「自殘的靈」，他們就不再好好利用自己「正向強化」的能力，**反而會用它來誘惑人自戕。**

透過使獻祭者紅運當頭，自殘的靈能使人對獻祭上癮，勇於割身、割肉、放血、以至弒親。最沉迷的獻祭者，甚至會記錄下「何種犧牲能換到甚麼利益」，來編纂出一套有系統的「**巫術(Witchcraft)」**，他們就成了「**巫師(Witch)」**。

當時巫師是「焚子」的主要推銷人。由於古時常有部落戰爭，**敗者往往會淪為奴隸，**因此戰情一旦悲觀，人們就會藥石亂投，以致向巫師求助。他們慫恿人透過「獻祭」取悅神明，**包括進行「焚子」**(4)。

當自殘的巫術流行起來後，「燒食材」就會被世人視為是「巫術」的一種，人就算興旺了，也只會歸功於巫術，**人們就無法再看到創世神了。**

【聖族】

當獻祭被納入了巫術系統後，就無法再彰顯神。怎麼算呢？創世神就另闢蹊徑，去揀選了一個來「民族」代表自己，因為民族是「這一族」就這一族，**不會好像上次一樣被其他事混淆。**道理就正如

> 我要與你(亞伯拉罕)並你世世代代的後裔堅立我的約，作永遠的約，是要作你和你後裔的神。(創世記 17:7)

「李小超」撈得風生水起,人們就肯定是「李超人」幫助了他,因為他們是父子關係。

當時是公元前十八世紀,創世神揀了「以色列(Israelites)」來代表祂,因為以色列人的祖宗「亞伯拉罕(Abraham)」特別信任神,甚至願意為祂殺死自己的兒子(5)(他認為神既能把死人復活,殺了都沒所謂),創世神見他這麼痴,就「以痴還痴」,決定永遠照顧他後裔(6)。

正因祂許下了這承諾,因此以色列人的「興盛度」,就成了「創世神的可靠度」。如果以色列人很興盛,世人就會覺得祂很可靠;相反以色列人一片慘淡,世人也會輕視祂。正因如此,天國要奪回人心,就先要使以色列興旺(7)。

那時,天國使以色列興盛得超乎常理。在亞伯拉罕之後的兩、三代間,他們的男丁數目竟然由「一人」,幾何級數增長至「七十多人」;再過四百年,竟急升至「六十萬人」以上(8),然而這不過是興盛的開始。

這六十萬人因歷史關係,一直在埃及裏寄居,並沒有自己的土地,唯直至公元前十二世紀,天國興起了領袖摩西(Moses)來帶領他們立國(9)。縱使埃及人想阻撓他們,但天國透過向埃及降下連環十災,又把紅海分開淹死他們的軍隊(10),使得以色列人順利離開埃及,並進軍當時神祇的巢穴「迦南」。

【輾壓】

壹直以來，邪靈為了使人以為「神有很多個」，就在「迦南地」（現今中東巴勒斯坦）製作了大量神祇，來混淆視聽。這事深深激怒了創世神，**所以祂就叫以色列人去輾壓迦南各國**，好告訴世人一件事：凡敵對我的，都沒有好下場。

於是以色列人就直取迦南，他們靠著超自然力量，包括「音波破城」(11)、「天降冰雹」(12)、「太陽停頓」等等(13)，使迦南各國潰不成軍，最後成功佔領迦南地，**成立了以色列聯邦國。**

由於創世神要展示「與我作對沒有好下場」，所以祂沒有叫以色列人去「歸化」這些迦南降民，而是要屠殺他們。**然而，那時以色列人貪圖降民的勞動力，就留了他們一條狗命**(14)，把他們畜養成奴隸，包括耶布斯人(Jebusite)、米吉多人(Megiddo)、亞實基倫人(Ashkelonite)、西頓人(Sidonians)、伯示麥(Beth - shemeshite)、亞摩利人(Amorites)等等。

這卻成了一條禍根：因為迦南降民保留著「拜神祇」的習慣，於是邪靈就能藉著把這些習慣傳染到以色列人身上，**來沖淡他們身上「神的味道」，甚至把神「得勝的光環」分薄。**

然而，以色列人才剛見識過創世神力量，如何會被邪靈引誘投向其他「神」呢？這就要靠他們引誘人的專家：**「淫亂的靈」**了。

【淫亂的靈】

淫亂的靈(Spirit of Whoredom)原是「合一的天使(Angel of United)」，他之所以被造，是為了幫助創世神建立一個「愛的世界」。「合一的天使」會適量地施加世人的「生活壓力」，好使他們不得不向人求助，來體驗何謂「愛」。

然而，這種壓力必需施加得「適量」，因為若過量了，人就會「狗急跳牆」，**不擇手段地利用別人**。好比李先生毒癮纏身，滿腦子都是吸毒，所以無論太太、親戚、朋友都好，都成了他心目中的「借錢工具」，就算有誰幫了他，他也不會感激，只會想「怎樣從他身上搾多些錢」。

我們都知道有許多天使墮落了，其中「合一的天使」也墮落成「淫亂的靈」。他們墮落後，就會無節制地施加人的生活重壓，使人驚惶失措、理性崩潰，**最後不惜「逢神都拜」**。

那時是公元前十一世紀，由於以色列聯邦不設國王，使得政令鬆散、力量分散，「淫亂的靈」就看中這個弱點，動員他旗下的外族，包括非利士人(Philistines)、摩押人(Moabites)、米甸人(Midianites)、亞捫人(Ammonites)等等，**侵略以色列國**，使他們在終日活在惶恐之下，就開始「藥石亂投」。他們看見迦南奴隸拜祭各式神祇，包括「巴力」、「亞斯她錄(Ashtoreth)」、「摩洛(Molech)」等等，**也跟著一起拜**，看看會不會保祐。

以色列人之所以如此，不是因為他們篤信這些神，**而是因為實在太過不安**，所以就算這些神「說不定有用」，都儘管一試。正因如此，他們當時其實沒有放棄創世神，而是「既拉住創世神，又試其他神」(15)，就好像一個有夫之婦，去勾搭其他男人，卻不放棄自己的丈夫一樣。

然而，**這正是「淫亂」所指**。

【律法】

以色列人既拜神祇，就算他們興旺了，**世人也只會覺得是**「神祇」出手，根本無法代表天國。正因如此，創世神本應放棄他們。但創世神畢竟念舊情，**所以沒有見死不救**，就給了他們一條活路：**律法(The Law)**。

> 所以你們要守我的律例、典章。人若遵行，就必因此活著。我是耶和華。(利未記 18:4-5)

所謂「律法」，是一份創世神與以色列之間的契約，它的條款是：「**肯遵守律法的以色列人，就必活著**」(16)。由於他們要代表天國，所以律法很多條款都很「**無厘頭(Nonsense)**」，來製造「分別性」，例如「星期六不准工作」(17)，「男人出生第八天要割包皮」等等(18)。這些例款前前後後共有六百一十三條(19)。

正因律法的條款這麼無厘頭，**要守齊它們很耗資源**，所以要是他們還能興盛起來的話，**人們就無法推諉「不是天國出手」**。正如一個

又瘦又弱的「富二代」與人上擂台搏鬥，卻還能贏的話，人們不問而知是他老爸在背後使黑手了。

正是如此，律法的遵守者就背起了「天國」的招牌。由於他們活得太奇特，就飽受欺凌，甚至被殺，結果創世神就看不過眼，給他們超自然力量去反擊，**他們就成了「神人」。**

【神人】

天國要用「守律法的人」做招牌，**邪靈自然要引人觸犯它，**好使還死守的人被「邊沿化」，**他們就會受盡冷眼、隔離，甚至迫害，**最後忍不住「投奔主流」。然而，正因這些人一直飽受迫害，所以早就鍛練出「雖千萬人吾往矣」的精神，他們對命運有了覺悟，就決意不要面皮地這樣活。

正因為他們擁有「大心臟」，**所以天國就授予他們逆天的能力，**包括「洞悉天機」、「降下天火」，甚至「叫死人復活」等等，好使世人知道「投靠天國就是如此」。這種身負異能的人，**稱為「神人(God man)」。**

那時是公元前八世紀，以色列國已逐漸離棄創世神，上至皇帝下至百姓，都拜外族的神祇，**只剩下少數神人堅守立場，**他們包括著名的「以利亞(Elijah)」、「以利沙(Elisha)」、「拿單(Nathan)」等等。

> 他們要攻擊你，
> 卻不能勝你，因
> 為我與你同在。
> (耶利米書 1:19)

對於已經掌握實權的權貴階層說，這些神人所傳的天國，根本虛無飄渺，只會分化社會，**所以他們就逼害神人**，把他們捉拿、下監、甚至殺害。然而，神人藉著逆天的力量，不但安然無恙，反而動用「天火」、「召喚猛獸」、「落雷」等異能一騎當千，**使當時天國威震一時。**

由於神人的表現勇猛，所以百姓的心就被吸引，漸漸多人歸服創世神。邪靈有見及此，就只好放棄狙擊神人，另訂對策。

【餘種】

正因神人太強，越是逼害他們，只會越會給他們表演機會，因此邪靈就不再狙擊他們，改為訂立更直接的目標：**毀滅以色列國**。因為創世神既與以色列訂立了「遵守律法，就必活著」的契約，所以只要消滅了以色列，**就能摧毀創世神的信用**。

那時，以色列飽受侵略，就逢神都拜，早已把創世神拋諸腦後，邪靈有見及此，**就加強「亞述(Assyria)」、「巴比倫(Babylón)」的侵略**，使他們「亂拜神」的習慣火上加油。最後創世神終於對以色列心死，就撤去保護。公元前 586 年，巴比倫王尼布甲尼撒**(Nebuchadnezzar)攻陷耶路撒冷，以色列國正式滅亡**(20)。

正當邪靈歡天喜地之際，**原來這次「亡國」只是一個假象**，因為創世神對以色列根本餘情未了，沒有真正放棄他們，反而用另一種形式，使他們在世界各地留下**「餘種(Seed)」**。

那時，以色列人被擄到外國，成了下等公民，受盡歧視、凌辱、逼害、和奴役。他們傷痛入骨，**就向久違的創世神求助**，甚至為了討好祂，竟在異地恢復了「守律法」無厘頭式的生活。

由於他們的行為在外國人眼中很怪異，就獲得了注意，**因此天國就不吝多神蹟保護他們**，使他們「火燒不死」、「扔獅子坑無恙」等等，這些人包括**但以理(Daniel)、尼希米(Nehemiah) 、和末底改(Mordecai)**。正因如此，外國的君王將相都尊崇創世神，包括尼布甲尼撒、大流士(Darius II)、居魯士二世(Cyrus II of Persia)。

由於這些「餘種」獲得了神恩加持，他們在列國裏的地位就與日俱增，甚至執政者為了討好他們的神，**准許他們回歸耶路撒冷重建城邦**。

【回歸】

餘種使創世神聲威大振，**他們就能回歸耶路撒冷重建城邦。**公元前四百年，當時的波斯皇帝「居魯士二世」讓以色列人回歸故鄉，建立有自己文化的社群(21)。

在人類歷史上，鮮有民族能在亡國後重建：巴比倫不能，瑪雅(Maya)不能，亞特蘭提斯(Atlantis)也不能，但以色列人竟能。他們有見神

的恩惠豐厚，就決心永遠跟隨祂，**於是他們按著著名律法師「以斯拉(Ezra)」對律法的詮釋**，訂立守律法的標準，規定眾人嚴守(22)，它後來就成了以色列人的宗教，**稱為「猶太教(Judaism)」**。

以色列人的「復活」，**使世人對創世神產生了強烈興趣**，甚至爭先恐後要了解祂，於是邪靈就不得不急謀對策，**去消滅「以色列復活」所帶來的衝擊**。

【宗教的靈】

以色列復活後，邪靈就急謀對策，去消解這事帶來的衝擊。他們苦思之下，**就選擇了去催化以色列人的「宗教狂熱」**，讓他們自高自大，甚至看不起神。於是邪靈就派出他們這方面的專家：**宗教的靈 (Spirit of Religion)**。

「宗教的靈」原是「信仰的天使(Angel of Faith)」，本負責引導世人與創世神建立信仰關係，**他們會鼓勵人去做「無用」的儀式**，來體驗原來即使「做無用的事，但只要有神祝福，都能勝過他人」。

然而，當「信仰的天使」墮落成「宗教的靈」後，就會妄用他們的能力，使那人過份得益，來「鼓吹」宗教行為，**最後這人就會深信自己得天獨厚，連神不得不聽他**，然後自高自大起來。

他們自我膨漲後，就會沉迷於宗教儀式中，越做越興奮，甚至連別人庸俗一點都看不上眼，**這樣就變成了一個「宗教狂」**。比如一個

受「宗教的靈」支配的牧師，自覺神聖，就會常常手執「聖經之鞭」，去撻伐別人的生活小節，即使在聚會中餵小朋友吃東西，也會指責人為「干擾會眾、對上帝大不敬」。

正是如此，當時以色列人慢慢變成了「宗教狂」。他們把自豪感建立在「守律法」之上，**以致製造出越來越多架床疊屋的「大規則、子規條」**，這一大套東西稱為**《米茨沃特》（Mitzvot）**。

當時是公元前三百年，以色列人追捧《米茨沃特》，要人時刻嚴守，包括總綱 9 條，《妥拉》條例 28 條，祭禮規則 53 條，起誓規則 4 條，潔淨禮儀 18 條，聖殿中的捐獻條例 20 條，安息年守則 9 條，可食用的動物 9 條，節期條例 17 條，社會規範 14 條，拜偶像條例 9 條，社交守則 15 條，家庭指示 15 條，司法原則 8 條，奴僕條例 17 條；拜偶像的禁令 45 條，歷史禁令 14 條，褻瀆神名禁令 6 條，聖殿的禁令 22 條，獻祭 69 條，祭司 14 條，有關飲食的律例 41 條，拿細耳人之條例 8 條，耕種之例 20 條，借貸、商業及對諸奴僕之例 43 條，公義原則 57 條，亂倫與各種淫亂的罪 32 條，君王的制度 4 條。(7)，**總計613 條**(23)。

後來，以色列人的熱心還火上加油，除了核心規條外，還發展出「如何守這些規條」的外在指引，包括**「米示拿(Mishnah)」**和**「他勒目(Talmud)」**等等，這些一大堆東西，統稱為**「傳統(Tradition)」**。

正因以色列人如廝狂熱，他們當中最瘋狂的「法利賽派人」**(Pharisees)**就取得了社會上的高位，受百姓尊崇，並且富貴榮華隨

之而來。人們有見「熱心人」被祝福，就爭相成為「宗教狂」，最後「宗教」就成為了以色列人的「新偶像」。

【義人】

無論是「獻祭」、「以色列人」、甚至「律法」都好，它們的色彩都一再被污染，使神好像一再被逼退一樣，**但其實這些都是假象。**因為創世神要建立的，從來都不是這些外在的東西，而是在過程中，**零零散散地肯為祂堅持的「義人」。**

> 氣息就進入骸骨，骸骨便活了，並且站起來，成為極大的軍隊。
> （以西結書 37:10）

創世神想要的不是外在勢力，**而是「人材」。**打個比喻，祂就好像固意讓己方陷入險境，去培養獨當一面的人材，**「練兵」才是祂最終的目標。**為甚麼呢？因為地上的勢力是暫時的，回顧歷史，即使是再強大的「大秦、巴比倫、希臘、和羅馬」，在歷史洪流下都一點不剩，**唯有靈魂是永遠長存的。**

所謂「天國」，從不是地上「國家」的概念，它不是以「這一刻有多少人、有多少錢、國土有多大」來定義的，它是創世神心中的世界，**所以只要某人本質上夠格**，能被創世神「記得」，他就能成為天國的一員。正因如此，**天國的勢力是以「歷史上出現過多少義人」來定義的：**出現過很少義人，天國就小；出現過許多義人，天國就大。

這些義人，生前一直飽受逼迫，仍不肯放棄神，所以慣於以一敵百，久經歷煉，內心就強大無比。邪靈深知他們危險，所以一直千方百計地孤立他們，因為要是這些義人，包括**亞伯、以諾、挪亞、亞伯拉罕、雅各、摩西、約書亞、基甸、撒母耳、大衛、以利亞、以利沙、希西嘉、約西亞、以賽亞、耶利米、以西結、但以理、撒迦利亞、施洗約翰**，再加上後來新約的義人**彼得、約翰、保羅、路加**等等聯合起來的話，**就會足以產生毀滅「世界」的力量。**

但邪靈不認為他們能成氣候，因為畢竟都是不同時空的人，不可能聯合起來，所以只需用「孤立政策」對付他們就可以了。

不過，**原來在創世神的計劃裏有最後「逆轉」的奇招：復活。**然而「復活」的條件異常苛刻，因此它要發生，就先要叫義人死後在天國裏被保存，等條件成熟了，才可以復活。

究竟義人在天國裏要經歷甚麼事，日後才可以復活呢？

第拾貳、

「*我必將重生並投入新的戰鬥。*」—羅曼・羅蘭(Romain Rolland)(1)

　　　　義人在世上受夠了試煉，就會被世界所殺，然後安息離世。然而，他們的死亡不是生命的終結，而是另一個世界生命的開始。

【死亡】

義人死後，唯一變化的只是「失去身體，感知不到物質界」而已，但他們對靈界的訊息，卻會因為沒有肉身干擾，**而變得極其敏銳。**

本來，人的「身體」佔據了大部份感覺，當他死後，失去了「身體」，這些「原先被身體佔據感覺」就會被騰出來，使意識變得極其敏銳，開始聽到平時聽不到的聲音，**於是許多靈界的訊息就開始會入侵他。**情況就如一塊浸在海底裏的磚頭，當我們在這磚頭中間挖空一個心，海水就會立即填滿它原先的空間一樣。靈魂失去身體後，**各類靈體會如狼似虎地發放訊息，**侵佔「那人的身體原先佔據的感覺空間」。（詳情見上冊「地獄篇」）(2)

正如上冊所說，靈界哪種聲音能佔據他，就視乎他生前習慣聽從甚麼聲音。一般人習慣了「滿足私欲」，**他就會被「誘惑」支配**，漸漸對「誘惑」越來越敏感、欲罷不能，最後邪靈就能藉此完全控制他，直至永遠（詳情見上冊「地獄篇」）(3)。

但是義人的情況就完全不同。義人死後，邪靈雖會誘惑他（叫他「靠自己」應付陌生環境，），**但天使卻會叫他「依靠神」**（叫他呼求神，讓神救你）。由於義人生前習慣了「依靠神」，**所以天使的聲音會使他特別受用**，因而甘心等待，慢慢邪靈的聲音就會漸漸消失，最後完全聽不到。

這個死後引導人的天使，稱為「**守護天使**」。

【守護天使】

守護天使的來歷是這樣的：話說所有物質，都是創世神用「想法」造出來的，因此所有東西，**背後都在神心裏有一個藍圖，然後才按著它製造出來**。這個神心裏儲存「藍圖」的空間，靈魂學上稱為「第三層天」。

正因如此，世上一切有形的物質，**在第三層天都存在著一個它的原型**：一顆紅豆有這顆「紅豆」的原型，一座高山有這座「高山」的原型，同樣「每個人」也有「每個人」的原型，而這個「你的原型」，就是「**守護天使(Guardian angel)**」。

守護天使在一開始時是與你是一模一樣的,只不過打從「你在物質界」與「他在靈界」這分歧點開始,就開展了不同的命運,所以你們才有點不同。通常,物質界污煙瘴氣,會使身為人類的你在各方面都比他差,**因此守護天使必定比你俊美、高大和聰明**,然而基於神的設定,你才是正史的主角,因為你畢竟要在亂世裏生活,**難度是不可同日而語的。**

守護天使的職責,**是引導你進化成為他這模樣,他就是你的終極狀態**。由於守護天使是一個「人物設定」,**所以他早在時空開始前已經存在**。後來直至你在時空中粉墨登場,他的守護工作才開始。

打從你出世起,守護天使就守護著你,無論任何事,包括你要讀哪一科、要做甚麼工、要娶哪個女人,事無大小,他都一直提醒你,只在乎你的靈感聽到他多少而已。有時你福至心靈,卻不知從何說起,這正是守護天使的聲音。他在你整個人生中,**眼睛從未離開過你**,無論你做好事壞事,或齷齪之事,他都一概看在眼裏。

正因守護天使一直看顧著你,**所以對於你來說甚麼謂之「依靠神」**,他一清二楚。因為對於每個人來說,**「依靠神」都是不同的**:猶太人會覺得神喜歡他「遠離痲瘋病人」,但日本人卻覺得神喜歡他「守秩序」,**因為人只能從自己的文化去了解真理**,所以守護天使就要按那人的背景去引導人。

比如有一位名叫伊娣(Betty J·Eadie)的女士，她在回憶錄《我有死亡經歷》(Embraced By The Light)記錄自己訪問天堂時，**就有三個守護天使做她的嚮導：**

「就好像脫掉的髒衣服，不打算再穿了。總覺得有點婉惜，因為她還是好的，還有許多利用價值。原來我從未見過自己三度空間的樣子，只是在平面的鏡子中見過自己的影子。但靈魂的視覺比普通人靈敏得多，我可以同時由各種角度看到自己的身體：前、後、側。見到許多以前不了解的東西，難怪我第一眼連自己也不認得了呢。新的身體毫無重量，又十分靈活，令我十分著迷。剛才覺得傷口隱隱作痛，現在完全不痛了，一點也沒有不舒服。我非常完整，不管在那一方面：完美。而我想到，這才是真正的自我。注意力回到床上，我發覺沒有人曉得我死了，我好像應該快一點讓別人知道這件事。「我死了。」我想，「竟然沒有人發現。」但我還來不及採取任何行動，三個男人不知由那裡出現在我身邊。他們好笑，穿著棕色的長袍，其中一人後腦的頂帽子，三個人腰上都有繫著金腰帶尾，一種柔和的光綫籠罩著他們，並不是特別亮，這時叫我意識到我的身體也在發光，和他們的光融合在一起，看起來他們都有七八十歲了，不過我知道他們的年紀不能以地球人類的算法推斷，他們其實比七八十歲老很多很多。

因為他們的長袍，我認為他們是僧侶：充滿了智慧、知識，我知道我可以相信他們，他們對我說話了，他們說他們和我恆久在一起。我不太了解他們的意思，我對恆久根本沒有概念。我覺得恆久是未來的事，而他們是指過去恆久在一起，那使我完全糊塗了。

隨即我腦海中出現了過去的景象，許久之前，在我的地球生命之前，是我和他們以往的關係。一幕幕影像出現，我發覺自己真的認識他們那麼久了，我開始興奮起來，出生之前還有生命，我覺悟到死亡其實是重生，死後進入一個沒有時間限制，更偉大的生存狀態。

我知道他們是我恆久生命中的好朋友，您們被指定來陪伴我。他們解釋，在我生活在地球的這段時間裡，他們是我的守護天使。但他們三人特別不同，我覺得他們是我的「護持天使」。他們說我只是暫時死亡，我的時候未到，教我不必擔心，給我寧靜的感覺。告訴我事情終於得到完滿解決。在這同時我感到他們深刻的關懷和愛。所有的溝通，都是靈的作用，起先我以為他們用嘴說，因為我習慣了人們的開口說話，事實上，他們溝通的速度快得多，意思表達也更加完整，是一種全知的態度。比較能形容的是類似心靈感應的溝通方式。」(4)

正是如此，**義人死後就會由守護天使來照顧他。**

【煉淨】

事實上，義人死時不會「毫無私欲」，只不過他們「依靠神的心」比私欲還強，天使才能叫他跟隨而已（不是零私欲，而是依靠神的心壓倒了它）。然而，這些私欲會在天使支配他後，首先被處理，**這個過程稱為「煉淨(Purify)」。**

煉淨是極其痛苦的過程。由於人的想法是無法被外力改變的,所以義人死後,**生前醞釀的興趣不會平白消失**:可能是權力慾、可能是性慾、或是自戀性人格,更可能是樣樣都有。這些潛藏心底的污穢,要逐一被挖出來,**經由他掙扎,作出決定,才能放棄。**

那時,守護天使會針對宿主的個性,**創造一些場景**,讓他作抉擇:究竟是「依靠神」,還是「靠自己」。比如李先生有「暴力」問題,守護天使就要使他面對一個「二十米高的巨人」,看看他「求神救命」還是「揮拳相向」,只要他選擇「求神救命」,**對「暴力」的執著就會被煉走少許**;於是他就可以面對「進階(Next level)」的場景,即是把巨人縮為十五米、十米、五米、兩米、最後比他還矮小,他都能放棄暴力的話,**就能把「暴力」的煉走,真真正正地「依靠神」。**

生前滿身雜念的人,煉淨的過程會特別漫長,有些人甚至要持續半年以上(感覺上的半年)。這半年內,他會不分晝夜地「做惡夢」,在各種可怕的場景中**面對內心的醞釀**。不過縱然如此,由於守護天使一直保護著他,**所以他不會完全墮落**,總能克服。

由於別人無法代替我們改變自己,**所以煉淨是沒有捷徑的**,人要逐一面對生前未克服的欲望,**過程中有許多痛苦**:執念越深,痛苦越大。所以人生前的因,死後都要承受相應的果,過程絕對公平。

> 因為那日子要將它表明出來,有火發現,這火要試驗各人的工程怎樣。
> (哥林多前書 3:13)

(附註:義人才能被天使的煉淨,靠自己的人早就被扯下地獄,沒有機會被煉淨了。詳情見上冊「地獄篇」)

重生篇

【轉頻】

義人被煉淨後，價值觀就會改變，**於是就會看出一個全新的世界**。為甚麼呢？因為在靈界裏，**「環境」**完全是由內心衍生出來的現象。

這種情況其實我們也能體驗一二。比如「香港」一直都是那個香港，但對於新生代來說，他們覺得「自主權」特別重要，**所以「一國兩制」**下的香港是個**「地獄」**。相反，上一代人經過戰亂，覺得能安居樂業就不錯了，**就會覺得香港是個「天堂」**。

人在物質界，尚且會因為不同價值觀而對事物產生差天共地的觀感，**何況靈界「沒有物質、只有訊息」**，這些訊息對人來說是甚麼，就更加主觀了。比如「香肉（狗肉）」對某些人來說很反胃，對另一些人來說卻是人間美味。同樣道理，人死後感到自己處身「天堂」還是「地獄」，**就全受他的價值觀支配**。

正是如此，當義人的價值觀被煉淨後，就會赫然發現身處的環境變得豁然開朗，**就能同步出傳說中的「天國」了**。

【視界】

人的價值觀被煉淨後，視界就會漸漸轉頻，然後赫然發現自己身處「天國」之中。這不是一種錯覺，而是真正「有

38

聲有畫」，**與物質世界的維度感無異。**

為甚麼會這樣呢？**由於我們習慣了用感官生活，所以不容易體會，**但我們可以這樣感受：首先關上燈，用布蒙住自己雙眼，然後聆聽名曲「夢中的婚禮(**Mariage d'amour，by Paul de Senneville，1987)**」，時間一久，你會「看見」自己置身於一個夢幻婚禮，有隊皇家樂隊演奏，又有香鬢影的男女跳華爾茲。

然而我們還是人，感官會拉扯我們，所以感覺不那麼真實。但人死後，肉身已經完全消失，感官作用歸零，**靈魂的所見所聞就會成為唯一的真實。**靈魂學家史威登堡(**Emanuel Swedenborg，1688－1772)**指出靈魂的五感比肉身還要敏銳得多：

「肉體在臨終時似乎是處於昏迷的狀態，但同時臨終者的靈體感官也開始清楚明晰了起來。這時臨終者可以感受到有某些家人或醫生之外的訪客來到自己身邊。那是靈界派來領路的靈，一般都會出現兩個，偶爾也會有四個靈一起到來，兩個站在臨終者的頭旁邊，另外兩個站在腳邊。

不管臨終者是誰，靈界一定都會派領路的靈體過來，這件事毫無例外。這些領路的靈都是天堂的善靈，他們的使命就是先用溫暖的愛包圍臨終者，讓臨終者感到平安。這時臨終者與領路靈會展開對話，身邊的家人、醫師、護士都無法得知。

領路靈會等待臨終者咽下最後一口氣。等到醫師宣布臨終者噎過世，家人嚎啕大哭時，領路的靈會幫忙臨終者的靈體從肉體中分離出來。

重生篇

如果這個人是躺在床上，那麼他的靈體就會脫離肉體而坐起來，但肉體還是一樣留在床上躺著。他這時噎不會再感受到任何痛苦，而會嘗到升天的喜悅心情。

他的靈性感官會漸漸甦醒。肉體的感官感覺會消失，靈體感官慢慢打開，以前感知不到的靈性世界慢慢展現在眼前。這種感覺跟電視切換頻道差不了多少。原本看的是轉折的畫面，但突然身邊出現了色彩，看到了一個完全不同的嶄新世界。

這時原本的臨終者噎成了靈。分離出來的靈體將在領路靈溫暖的照護下走下床，或者漂浮到天花板附近。此人可以從天花板處往下俯視自己的肉體（其實噎可以說是屍體了），他不會感覺到痛苦或可憐。他可以看見在一旁嚎啕痛哭的家人，有時也能看到醫生還在對自己進行急救等措施。

這個靈體還可以聽到身邊人們的對話，甚至聽到醫師對家人們說「他噎去世了，請節哀」之類的話。有些靈會覺得家人哭得這麼慘很可憐，但自己卻不跟他們一起痛苦。領路靈會留在那裡幫助他，直到整個過程結束。脫離肉體的靈與領路的靈此時可以自由對話，並觀察對方的情緒。不過這對話當然是透過思想與概念的交換達成的，而不是透過語言。

脫離肉體的靈心情十分輕鬆愉快。靈體輕盈到好像可以飛到天上，產生了一種恍惚般的狂喜。領路靈準備好要將過世者的靈帶到靈界去，領路者會抱住靈體開始往上飛翔，脫離肉體的靈會在極度喜悅中進入靈界。剛去世的靈體最初到達的地方，就是所謂的『中間靈

界』（作者按：即是陰間，詳情見上冊「死亡篇」），*也可以說是肉體世界與天堂的中途站，也屬於靈界的一個部分。*」(5)

義人死後，恢復了靈魂的五感，視野就會變得異常清晰，不但能看見一個全新的世界，**更能看見一個全新的自己。**

【蛻變】

義人剛死時，靈魂還未煉淨，眼中的「自己」不過是他生前的「自我形象」。比如李先生很自信，就會看見自己很高大；黃先生比較謙虛，就會看自己較矮小。然而，**這不代表他們會在天國裏「一高一矮」地相遇**，因為這些形象只是不同價值觀之下的兩個人，就如「一百億越南盾」和「一元英鎊」一樣，無法等量齊觀。唯有他們都被煉淨後，價值觀被統一了，**才能看出真正的大家。**

「煉淨」會淨化人的眼光。例如李先生是個健美發燒友**(Body builder)**，塊頭巨大、充滿自信；但原來在天國眼中，他這身橫練的肌肉只是靈魂的負累，所以他滿身都被鎖鏈鎖住。唯有當李先生被「煉淨」後，視界開了，**才會赫然發現這個真正的自己。**這種能力，有時會被宗教人仕提早修得，稱為「天眼通」。

由於天國是「神的國度」，所以裏面所有東西的外形，**都是以「神怎樣看它」來呈現的**。神看某人很吸引，他就會很美貌；神看某人很勇敢，他就會很高大，不管他本是怎麼看自己的。

「煉淨」不但能開啟人的視界，**更能改變人的外表**。當義人新死時，**性格仍有很多缺憾，**所以會有若干「菱角」。可能他太易怒，導致頭上有尖角；可能他太驕傲，使他鼻子很長。但在煉淨的過程中，

> 所種的是血氣的身體，
> 復活的是靈性的身體。
> （哥林多前書 15:44）

這些劣根性都會被他一一拋棄，連帶外表上相應的醜陋都會消失。比如他本來很驕傲，鼻子足有三呎長，但當這些驕傲被拋棄了，鼻子就會縮短。

當義人接受煉淨，外型就會不斷變化，到最後進入神國時，**就會擁有全新的形象**。

【終極狀態】

義 人進天國前會被煉淨，最後回到理想的原型。然而，**這不代表天國裏每個人都一模一樣，因為每個人的「終極狀態(Ultimate status)」都是獨一無二的**。

任何人被造時，**神都預設了他的原型**，情況就好像金庸預設了「張無忌」是懂得「九陽真經、乾坤大挪移、和聖火令神功」的明教教主，而不是開場那個小廝一樣。同樣，**世人也有自己的原設**，他可能是張無忌，是郭靖、楊過、黃藥師、或者李莫愁。在這個原設裏，

42

你會有各自的性格、長處、和魅力，**並且你要用它來展開天國的生活。**

地上的一生，**只是預備你進入天國的「序章」**。天國是一個「各按其職，互相合作」的大世界，每個人要擔當不同的崗位，有人負責「觀察」，有人負責「操作」，有人負責「生產」等等，**因此每個人的終極狀態都不同。**

> 全身都靠他聯絡得合式,百節各按各職。(以弗所書 4:16)

人回天國前，**會先透過「煉淨」回到終極狀態**，然而「煉淨」不會各人的特色磨平，**而是會把它煉至「歸服」，好讓他有建設天國的心。** 好比一個「力量型」的人死後，心裏若仍有「以力謀利」的打算，**就好比一隻帶有「癌症(Cancer)」的手臂**，無法為天國所用。「煉淨」就是要除去它的「癌性」，把悖逆的害質清除，煉回一隻「好手臂」，**卻不會把「手臂」煉成「眼睛」。**

當義人被煉回「終極狀態」後，**就會進入天國，開展他全新的一章。**

第拾叁

　　義人死後，會被守護天使救起，經歷過煉淨後的視界更新，就能回到理想世界：天國。然而，天國與地上生活的概念何止完全不同，簡直是差天共地。

【天國的本質】

義人死後，會被守護天使帶回天國，但天國在哪裏呢？其實天國不在那裡，因為它並不是一個地理位置，而是一條「**頻度(Channel)**」。

所謂「頻度」，**是發放訊息的源頭**。例如「電視」會發放「影像訊息(Visual information)」，或者「體感遊戲」會發放五感訊息(All sense information)，都是條頻度。由是推之，其實物質界也是一條頻度，因為我們任何遭遇，包括「吃飯、上班、交通意外、還是外星人襲地球」都好，**本質上都是一堆五感訊息，和體感遊戲無異**。

若從這個角度理解，天國和物質界其實沒有本質上的分別，**都是個真實感十足的「體感遊戲」而已**。世界使人經歷五感，同樣天國也會，它讓人活在其中，體驗「生活」的感覺。

【天國的空間】

天國的生活，**其實與驗相同**：人會有自己的身體，並以它為「第一身」去感受四周的環境，包括空間、東西、和事物等等，這些體驗構成了「生活」。

雖然如此，**但天國的空間感與物質界有明顯分別**。以往在物質界，一排放在三十呎外的巧克力，我們要走「走一段路」才拿到，這段路會使我們感到疲倦，因而造成「距離感」。但在天國裏，無論我們怎樣移動，**都不會廢力，所以不會再有距離感**。

天國裏想移動，**唯一要做的就是「產生這個念頭」**。比如當我們想拿一排三十呎外的巧克力，**這個想法本身就會使我們移動**，如果念頭輕鬆，就會慢慢飄移，如果想得逼切，就會飛過去，甚至瞬間移動。但無論如何，身體都是不會感到負荷的。

天國裏所有「距離」，都是心靈上的，只要我們想要那東西，它就會出現在我們面前（或者我們出現在它面前），所以人人都不會缺乏。我們若無法得到一件東西，理由只有一個：**就是「未曾想到它」**。

【天國的身體】

天國裏的空間感之所以會不同，**是因為人擁有一副永不疲倦的身體**，然而創世神為甚麼要給人這麼一副身體呢？要了解這一層，首先要先回到肉身「傷病疲倦」的原因。

在神的原設裏，身體是不會損耗、死亡、生病、甚至老化的，但後來人不按原設生活（不再依靠神），**就任意而行**，活得太急，**過度運用身體，超過了自然修復的速度**，於是造成老化。好比魚桿本是用來釣魚的，人急於求成，用它當魚叉用，自然會損耗、甚至斷裂了。

正因如此，損傷其實是人「任意而行」的結果。但在天國卻裏不會有這情況，**是因為人人都變得依靠神，神就可以讓人的身體擁有無限性能**：不會病、不會痛、不會傷、不會累、刀槍不入、水火不侵。這副身體，在神學上稱為「**榮耀的身體(Glorified body)**」[2]。

「榮耀的身體」不是平白給人的，**而是義人自己修練而成**。那時義人被「煉淨」，他面對各種場景，慢慢轉化自己，直至與神的價值觀同步。由於靈界裏，「**外型**」是價值觀「**對照**」出來的形象，所以他們經過煉淨後，就會擁有全身的身體。

舉例，「雙兒」是個善心到無可救藥的小丫頭，對於世界來說，她很軟弱無能，甚至連她也這樣看自己。但後來，她被天使煉淨了，就看出原來自己的善很有價值，於是就看到自己閃閃生光，甚至充滿力量了。

由於「榮耀的身體」由神的觀感支持，**所以本質上是永垂不朽的。**

【天國的睡眠】

榮耀的身體不但永垂不朽，還擁有許多「超能力」，**其中一項超能力就是「瞬間移動」。** 在天國裏，人只要心念一轉，就能去到想去的地方，不會消耗任何體力。

既然天國裏人不會消耗體力，又是否不用睡覺呢？是的，但不是因為體力問題，因為事實上人之所以要睡覺，不是為了補充體力，**而是為了處理靈魂裏最致命的毒素：壓力。**

壓力是對靈魂最致命的毒素。它其實甚麼呢？又和「睡眠」有甚麼關係？要了解這一層，讓我們先看看一場經典的實驗：**前蘇聯(USSR)一場「連續不睡覺」的實驗。**

在 1940 年，前蘇聯政府招募囚犯，只要他們連續 30 天不睡覺，便可以無條件出獄，於是有六名囚犯參加。他們被放置在一個有糧、有水、有書本的密室裏，透過麥克風與外界保持聯絡（當時沒有閉路電視）。為了確保他們沒有睡著，政府在通風系統裏加入了高濃度興奮劑，使囚犯保持亢奮。以下是實驗的記錄：

「開始頭 5 天，一切事情都安然無恙。五名實驗者能夠完全不睡眠，把時間都花在看書，閒聊、玩撲克等。他們普遍對實驗抱持樂觀的態度，並對自己能在不久的將來出獄感到興奮……」

天國篇

「第 6 天，實驗者開始抱怨整次實驗，並投訴他們開始有妄想、幻覺等症狀。實驗者之間不再有任何交談，取而代之，他們聚集在麥克風，無目的地喃喃自語……」

「第 9 天，其中一名實驗者開始精神崩潰。他不斷在密室內來回奔跑，邊跑邊發出撕肝裂膽的尖叫……有兩個仍然死抓住麥克風不放，繼續用未知的語言低喃著。另外三個剛把書櫃推翻，把書本一頁一頁撕開，再用來揉搓臉孔……突然，彷彿有外力介入，密室變得一片死寂，所有尖叫聲和呻吟聲都被硬生生打斷下來。這種不祥的靜默維持了 1 天、2 天、3 天，4 天……」

「直到第 14 天，研究員焦躁得如熱鍋上的螞蟻……根據氧容量機的讀數，明明說裡頭的人正進行極度劇烈的運動……終於，他們按捺不住，決定打破原先訂下的『不和實驗者交流』的規條，打開對講機……但是，一把冷淡得可怕的聲音卻打破了他們的幻想：**『我們不需要自由了。』**」

「到了第 15 天的晚上，當研究員把房間內的神經氣體關掉，換上新鮮空氣時……尖叫聲、哀號聲、哭泣聲立即由麥克風傳出。他們苦苦哀求著，就好像患有重毒癮的癮君子般，希望那些科學家不要關掉氣體……那些門外的士兵沒有理會他們，飛快地進入密室…… 6 名實驗者中有 1 名已經確定死亡……死去的實驗者肚破腸流地躺在房間中央。廁所的水喉開著，水源源不絕地流入房間，和死者的血肉混合，形成一個足足 4 尺深的血池……至於另外 5 個實驗者，他們各自倒臥在房間的角落……胸腔被強行撕開。除了心臟和肺外，

胃部、大腸、迴腸、肝臟、腎臟通通被挖了出來⋯⋯因為血管依然連接著器官，你仍然可以清晰地看見肺葉緩慢的起伏，心臟的跳動和食物在腸部的蠕動⋯⋯消化道裏食物全都是實驗者自身的血肉⋯⋯那些傷口都是由實驗者親手一下一下撕下來，因為他們指甲間藏匿的盡是自己的血和肉⋯⋯」

面對這種情景，政府決定強行把他們送院，在醫院裏發生了這些事：

「出乎意料地，那些實驗體獲得驚人的怪力。士兵需要數小時大戰、死掉了 2 名特種士兵⋯⋯在掙扎過程中，有一個實驗體的脾臟破裂，大量鮮血噴出⋯⋯其中一名醫護人員成功把注射器插進實驗體的手臂，注入正常份量十倍⋯⋯的鎮定劑⋯⋯那名實驗體卻無視鎮定劑帶來的影響，像隻發狂的公牛般，一拳打碎了那名醫護人員的肋骨和胳膊⋯⋯即使他的動脈已經再沒有血液可以噴出，那名實驗體仍然孔武有力，胸腔裡的心臟強而有力地跳到⋯⋯口中不停地叫喊著：「多些，給我一些我（鎮定劑）」⋯⋯3 分鐘之後，他的聲音愈來愈薄弱，最終死去。」

「其餘 4 名實驗體被送到醫院接受隔離治療⋯⋯醫護人員企圖把那些外露的器官塞入胸腔內時，發現他的身體對鎮定劑已經完全免疫⋯⋯只要一為他泵入麻醉氣體，他便會勃然大怒⋯⋯最後，醫護人員決定一次過為他泵入遠超出正常份量的麻醉氣體⋯⋯數分鐘，他便死去。當法醫為他驗屍時，發現他血液的氧含量為正常人的 3 倍⋯⋯他有 9 條骨被壓爆，而壓爆的原因是自己的肌肉太過強勁。」

天國篇

「*第二名接受手術是那個聲帶受損的實驗體……當醫護人員嘗試為他泵入麻醉氣體時，他只能大力搖頭……醫護人員提議整個手術不用任何麻醉劑……那個實驗體聽到後，非常高興地點頭……他們更換了實驗體變異的器官和修復受傷的皮膚。過程中，半點麻醉氣體也沒有用，但實驗體沒有呼喊半句，或半點痛苦的表情也沒有……每當她和實驗體對上視線時，都可以看到他的嘴角暴露的肌肉微微卷曲，向她擠上一抹猥瑣的笑容。*」

「*當手術完成時……實驗體卻努力掙扎，嘗試說話。醫生們以為他將要說出什麼驚人的秘密，便趕緊遞上紙和筆……實驗體所寫的短訊，內容簡短……*『**繼續切吧 (Keep Cutting)**』*。*」

「*既然沒有麻醉劑會使得手術更加順暢，那麼其他兩名實驗體都如法炮製……研究員和軍人施展渾身解數，希望知道究竟實驗途中發生什麼事來。為什麼你們要自殘？為什麼你們要扯出自己的內臟？為什麼他們非要興奮劑不可？面對種種問題，他們只有一個答覆*『**我一定要保持清醒。**』」

此時，科學家和軍方出現了分歧。科學家認為實驗已經失敗，應該立即終止；但軍方還是想把他們帶回密室，看看會發生什麼事，於是軍方就把他們帶回了密室。

「*當 3 個實驗體聽到可以回到密室，他們高興得停止掙扎和叫喊了。在準備把他們放回密室的過程中，他們 3 個被監禁在一間病房並接駁住 EEG Monitor(腦電波監測器)……他們 3 個都極力地讓自己保持*

清醒。其中一個不斷大聲哼唱。啞子則在床上不斷扭動，左右左右地伸展被皮帶綑綁了的小腿，總之想分散自己的注意力。最後一個則堅持不讓自己的頭放到枕頭，眼睛不停眨動。」

「那個不讓頭放下來的實驗體是第一個出現腦波異常……有時候會突然變成直線，持續數十秒後，又再回復正常。就好像他不斷死亡，之後又復活過來……那名實驗體終於抵受不住睡魔的呼喚，閉上眼睛，砰一聲躺在枕頭上。就在那一刻，他的腦波立刻轉成深層睡眠。再下一刻，腦波變成水平的直線，心臟都同時停止跳動。」

「旁邊剩餘的實驗者嚇得失控地尖叫，哭喊著要立即注射興奮劑。此時，他的腦電波開始和剛死去的實驗體一樣，變得一時正常一時平坦。那名軍方高層見狀不妙，便命令立即把剩下來的實驗體送回密室……」

「其中一名研究員危急之下，找出藏在腰間的手槍，迅速地朝軍官的眉心射了兩槍。再立即轉身向那個啞巴實驗體連開兩槍……那名男子不敢怠慢，把槍指著最後的實驗體。『你他媽的究竟是什麼來?』」

「那剩下來的實驗體笑了……『為什麼那麼容易就忘掉了我……我們就是你，你就是我們。我們是你埋藏在心裡最深處的瘋狂，是你潛藏的獸性。我們每一刻，每一秒都希望獲得自由。我們每晚都躲藏在你的床下，希望可以得到重視。當你魂歸天國時，我們則和你一樣變得永遠沉默，不能再跟著你。』那名研究員……扣下板機，子彈快速穿過實驗體的頭顱。」(3)

這些人看似變成了「喪屍」，但真的如此嗎？**其實不過是「被鬼附」**，實情發生了甚麼事呢？

話說這世界受「靠自己」的意識支配（詳情見上冊「世界篇」），以致世上所有東西的設計，包括一桌一椅一室一牆，都帶有「靠自己」的暗示，**叫人一看見它們就想利用**。正因如此，只要人瞪開雙眼，就會受到這些東西誘惑，想去利用它們，**不願停下來**。

但人畢竟是血肉之軀，**「利用東西」的速度不可能跟得上心裏「利用東西意欲」**，時間一久，他心裏「利用東西」的意欲就會消化不及，不斷累積，於是形成了一股「想做更多事，但肉體卻跟不上」的張力，**這股張力就是「壓力(Stess)」**。

人的行動力跟不上心裏的意欲，**壓力就會累積**，時間一久，**壓力就會架床疊屋**，好像「俄羅斯方塊(Tetris)」一樣，使人不知該先做甚麼，於是他就會變得混混噩噩。在這種狀態下，**人的感官會自動封閉，以防訊息繼續湧入**。這個「感官封閉」的狀態，就是「**睡覺**」。

睡覺是為了讓人「消化壓力」而設的。當人睡覺時，肉身會斷絕資訊吸收，防止壓力累積；同時，**靈魂會把積存的壓力化為場景**（壓力即是想法，想法能在靈界化成場景），讓人親歷其中，去體驗這份壓力的真正意義，從而了解這事對自己的份量。這些由壓力所化成的場景，**就是造夢(Dreaming)**。

比如李先生公務纏身，沒有時間陪家人，這對他構成了很大壓力，但他工作太忙，沒時間理順這事，只感到心頭很重，於是他就帶著這份壓力睡覺。睡夢中，他看見家人去世了，沒有機會再補償，**這**

份「無可補償」原來就是他壓力的來源，所以經過這場夢後，他就放下工作、親近家人，壓力自然得到舒解。

人在夢裏，壓力會化為一幕幕場景，這些場景之所以會與他的心情吻合，不是出於偶然，**而是守護天使的工作**。比如李先生愁煩家人的問題，但世界不斷告訴他「公司沒有你不行」，就使他迷失。然而回到夢中，他的感官和世界隔絕了，**守護天使的聲音就變得清晰**，**他就能告訴李先生「失去家人」的故事**，協助他找回家人的價值。

回到前蘇聯「禁止睡眠」的實驗，由於因犯無法睡覺**他們的壓力就一直累積**，待得兩、三天，靈魂就會被壓力塞死，以致人變得混混噩噩。他們開始失去對身體的感應力，**「情緒」就會不穩**（就像人醉酒時，肉體的感覺變弱，情緒就會不穩），只要邪靈稍加煽動，他們就會受情緒支配，因此自從第 6 日起，實驗體開始出現了大量的負面情緒，**這些都是邪靈入侵的端倪**。

當負面的情緒一直湧入，他們就會專注自己的情緒，不再理其他事，以致本來的他（那個想出獄的他）受到壓抑，這種情況在靈魂學上稱為「奪舍(Invasion)」(4)。自從第 9 天起，**他們出現了肉身的主權爭奪**，看起好像瘋了一樣，會尖叫、喃喃自語、四圍搗亂、和自殘等等，都是奪舍常見的現象。

後來，由於他們始終無法睡眠，**所以肉身就被邪靈支配了**，「那人」就會停止掙扎，情緒漸漸穩定下來，**變成一種「穩定地邪惡」的狀態**，環境就變得平靜。

由於這時那人對身體的感覺已經變得微乎其微，所以邪靈在缺乏痛覺之下，**就能毫無保留地發揮人體潛能**，使運動性幾何級數地上昇。因為事實上，人一直下意識地抑制運動量，以免身體受傷，有好一部份潛能沒有發揮出來。但現在，邪靈任意地透支它，**就使實驗室偵測出劇烈運動，甚至撕裂了自己的身體。**

每逢邪靈附在人身上，都會進行大量活動，來吸收世界的資訊，藉此治療天國對他們的傷害（詳情見上冊「邪靈篇」），因此他們不在乎肉身受傷，卻要死命保持清醒。正因如此，**他們渴望吸入神經氣體，**又在軍方拉他們送院時極力反抗（以超人之力打死士兵）。其後送到醫院，拒絕被麻醉，卻喜歡被切割，**是因為要讓軀體保持清醒，以吸收物質界的資訊。**

基本上，被邪靈附身的人，**除非腦部受損（包括因軀幹受損而導致腦部缺氧）**，否則受了多重的傷，**他們都不會有問題的。**

正因為睡覺是為了「處理壓力」而設，所以人活在一切都「垂手可得」的天國裏，根本就不用睡覺。

【天國的物質】

由於世界一直暗示著「你若不行動，事情就不會推進」，所以人們一直受壓，以為非做甚麼不可。但世界是如何載住這種暗示的呢？是藉著世界把東西訂定為「死物」，**使人覺得它們要人「操作」才有價值，因此人看見它，就會產生一股**

「想操作」的欲望。比如李先生看見有部心儀的汽車大減價，就會「心急」想買下來，他不會覺得這東西「總是屬於我」，會一直擔心被誰捷足先登。

世人之所以如此心急，**是因為他們以為遇上的機會都是偶然的**。但其實這是一種誤解，因為世上所有現象都是創世神安排的，祂願意給你，**機會就無窮無盡，根本不存在「機不可失」的問題**。

「萬事自有安排」是天國的價值觀，所以當義人被煉淨後，就會同步這種想法（天眼通），**能觀摩出每件事物背後的深意**。比如創世神造了一條「生命河」供人飲用(5)，以往物質界裏的河水，人不會感受到甚麼，只看它是「天然」的；但在

> 天使又指示我在城內街道當中一道生命水的河，明亮如水晶，從神和羔羊的寶座流出來。(啟示錄 22:1)

天國裏，**人們就會感受到這條生命河背給那份「刻意安排給你」的愛**。

天國是用神的愛造的，**每事每物都有祂的愛意**，因此活在其中，**時刻被安全感包圍**，不會有任何壓力。

【天國的語言】

天國是無偽的世界，裏面所有東西的意義都一目了然；不但如此，**就連「語言」的意義也是，無可隱瞞**。

天國裏「語言」的概念與地上完全不同。地上的語言意義

是固定的，**所以人可以說謊**，比如明明他不知道的事，只要假稱「知道」，就能使人信以為真。但天國裏無法如此，因為天國的言語不是靠「聲波」來傳意的，**而是意念會自動生成對應的現象**，所以別人會對他的心意一清二楚。

比如李小姐為人「傲嬌」，說話口不對心，喜歡的又不說，別人自然無法猜透她；但在天國裏，她心底的愛意都會化為現象（比如化為「鮮花」），所以沒有隱藏的餘地。

正因如此，**天國裏人能用意念創造任何東西。**以往在物質界，人的「創造」無非是用已有物質來「合成(**Compose**)」其他東西，例如把樹木組合成傢俬，但這些不過是「二次創作」，**卻永遠無法「無中生有」地創造出物質** (6)。

然而在天國裏，**人能用意念「無中生有」地創造出東西出來。**只要你心裏想著，以下的現象就會自然發生。

意念	造出的實物
渴求 (Desire)	煙 (Smoke)、流星 (Meteor)
憤怒 (Anger)	火焰 (Fire)、雷擊 (lightning)
哀傷 (Distressed)	雨 (Rain)
喜悅 (Happiness)	光澤 (Luster)
愛慕 (Admire)	鮮花 (Flower)
約誓 (Covenant)	彩虹 (rainbow)
興奮 (Exciting)	熱力 (Heat)
掛念 (Worry)	接近對方(Closer)
嫉妒 (Jealous)	衣服(Clothes)
誘惑 (Tempted)	身體部份(body parts)
溫暖 (Warm)	房子(House)

【天國的廣闊】

其實天國的意義很簡單，就是「創世神理想的世界」，所以祂在歷世歷代一直尋找「不錯」的人，看中了就會讓他在天國裏生活（基督教稱這為「救贖」），於是天國就充滿了「神喜歡」的人。然而，神雖喜歡他們，**卻不代表他們之間也會互相喜歡。**

天國裏人們唯一的共通點，就是肯服從神，神喜歡他，但這不代表他們本身沒有性格，**相反他們大都很有性格**，常常覺得自己獨一無二、得天獨厚，所以他們常常水火不容。情況就好像「後宮三千」，每個女人都覺得自己最得寵，就看不下其他人。但畢竟天國是創世神的，**他容得下千奇百怪的人**，所以事實上天國就有各式各樣的異人。有人追求完美，有人大而化之；有人著重名聲，有人尋求內修；有人渴慕真理，有人尋求享受。

正因為他們的「相性」有時會相斥，**所以只好散居在天國裏不同的地域，永遠無法相遇。**例如「追求內室親密」的人，他們無法在喧鬧的社群中感到自在，所以他就會身處於遠離人煙的地方。這些人會在各自的區域生活，彼此有無法跨越的距離。

然而，天國裏人會成長，若能擴潤自己的胸襟，**就能前往未知的地方**，欣賞該處的風土人情。基本上，天國比宇宙大得多，**有無數的地方等你發掘。**

【天國的地域】

在天國裏，人會按自己的氣質居住各地，**但這種「居住」不同地上的「居住」**。地上的居住是指「我存在」的座標，只要你存在於那裏，那裏就是你的居所，無論你因為什麼理由置在那裏都好，都不會改變「你住在那裏」的事實。但天國不是這樣，因為天國是心靈的空間，所以你住在該處，**是因為那裏最適合你**。比如你很喜歡「工作」，這種心情就會使你置身於一個「大都會(**Metropolis**)」，你會被那裏的感覺吸引，於是留在該處生活。

天國裏每個人都會按自己的氣質居住在相應的地區，所以很多同類人聚居時，**就會使地帶產生明顯的氣質**：有的是「浪漫之城」、有的是「智慧之村」、有的是「戰鬥之國」等等。它們之所以會聚集，不是出於編排，**而是出於自願**，因為對他們來說，**這裏就是他們的天堂**。

對於不同氣質的人來說，**「天國」的意義是截然不同的**：有的人喜歡浮華，有的人喜歡恬靜，有的人喜歡戰鬥，有的人喜歡和諧，所以天國要容納各種人，就要非常擴闊。

【天國的生活】

有人以為天國就是日夜站在白雲上，無時無刻地唱聖詩，直至唱破喉嚨為止。**這樣根本就是沉悶的地獄**，所以真相從來不是這樣。

那麼天國是怎樣的呢？**其實和地上的生活分別不大。**在地上，我們會用身體到處遊歷，與身邊的事物互動。在天上你不單能如此，**而且更自由**，因為地上你無法經歷「超時空」的事。比如某君被外星人綁架了，逃出生天後想與你分享，但即使他費盡唇舌，也不能表達其中的萬一。然而在天國裏，想法能創造出東西，**只有人保有這份記憶，就能與我們原汁原味地分享。**

比如你想向宋朝的朋友介紹「肯德基家鄉雞（**Kentucky Fried Chicken，KFC**）」，這個思想會使「家鄉雞」出現在你們面前，大家就能享用這份美味；又例如有個「亞特蘭堤斯（**Atlantis**）」的朋友想向你介紹他的祖國，這想法就會造出一整個亞特蘭堤斯出來，裏面的格局氣氛，會與他想法中的一模一樣。

天國裏人能靠想像力創造東西，**這份想像力的基礎正是源自生前的記憶**，包括所見所聞、和個人想像，這些都是人在天國裏創造東西的本錢。

事實上，想像力的高下，**正是天國裏人與人之間力量的分野。**基於每個人生前不同的氣質、經歷、和思想傾向等等，他們會強於想像不同的事。比如講「製作巧克力」，一般人只能想起它的味道，但

天國篇

浪漫的人能把「朋友以上、戀人以下」贈送巧克力時那份悸動，注入巧克力之中，當其他人吃時，就能感受到這份心情。又比如謹慎的人，強於創作結構精密的舞蹈，他們安排的動作，能使觀眾產生強烈的「治癒感」。各類氣質的人，擅長產生不同的東西：

氣質	擅長製作
浪漫 (Romantic)	巧克力、鮮花、甜點、感動的能力
謹慎 (Cautious)	舞蹈、建築物、機械、治癒的能力
甜蜜 (Sweet)	寵物、玩偶、窩心的能力
沉雄 (Grand)	高山、大海、星球、穹蒼、震撼的能力
機靈 (Clever)	遊戲、生物、高科技、超能力、興奮的能力
窩心 (Worry)	食物、床舖、傢具、房屋、保護的能力
開朗 (Cheerful)	寶石、煙花、把東西改造、破壞的能力
和諧 (Harmonious)	植物、擺設、藝術品、安定的能力
銷魂 (Ecstasy)	衣服、首飾、身體部份、危險品、醉人的能力
堅毅 (Perseverance)	器皿、武器、工具、可靠的能力
睿智 (Wise)	書藉、電影、奇異的創作、超越的能力

【天國的工作】

正因天國裏各人擅長製作不同的東西，所以他們的工作，就是專心製作它，再與人分享。然而天國裏的「工作」，與地上的概念完全不同。

地上的工作是為了「獲得」，人用勞力獲得所需的東西，藉此滿足欲望。但在天國裏，人根本不缺甚麼，身體固然沒有消耗，欲望也不會落空。比如你想吃「家鄉雞」，它就會自動出現在你面前，**根本不用為此工作**。

那麼天國裏是為了甚麼工作呢？**價值**。原來人類工作的意義遠遠不止薪酬，**更是為了自己的努力獲得認同**，它賦予人的快樂，甚至比薪酬還高，**天國裏正正是為了「獲得認同」**而工作的。

比如在天國的「浪漫之城」裏，人們都擅長創作浪漫的故事，他們心中的感人情節，**會化成相應的場景，讓人親歷其中**。這些創作，有的是「一夜童話色彩晚會」，有的是「若即若離的辦公室戀情」，也有的「數十年江湖俠侶行」，視乎他們的感受而定。由於說到「浪漫」，宇宙間沒有人能出他們之右，所以**這些體驗的震撼力都是「神級」**的。

事實上，人要體驗一段完整的故事（例如整套《神雕俠侶》的故事），往往需要幾十年時間，期間作者要一直要投入創作中，**所以天國裏的「工作」，可能比地上更忙**，但人們就是樂此不疲。

對於這種人們死後「再世經歷」的現象，有些宗教稱之為「**輪迴 (Saṃsāra)**」，但其實這些不是「下一世」，而是**靈界的生活模式**。

【天國的輪迴】

國裏的「工作」，就是製作經歷，靠著人用心想像，使實物和空間如儀製造出來；甚至有些想像力強的人，能駕御眾多東西，**那麼製造一整個世界都是沒問題的**。

天國篇

這些幻想世界，全是天國裏的實體，**別人能進來生活**，成為裏面的角色。然而，人若要進入了這些幻想世界，**就要受裏面的「設定」限制**。比如李先生創造了一個「多拉Ａ夢**(Doraemon)**」的世界，裏面有各式各樣的神奇法寶，那麼別人進入這世界後，就要接受這些法寶的威力。不但如此，人也無法好像在天國其他地方那樣，自由地運用「瞬間移動」或「心想事成」等能力，因為「多拉Ａ夢」的世界是不存在這些事的。

本質上，這與物質界相同，只不過物質界的法則叫做「物理」，而幻想世界就有其他法則而已。然而，由於創造幻想世界的人參差不齊，**因此往往會出現不少離譜的設定**。比如某人創造了一個「星鬥士星矢」的世界，裏面的「黃金聖鬥士」能以光速移動，以致為所欲為，就是很失敗的設定。所以對於每個故事，**都會有族群的族長和其他天使協助那人建構**，不致發生太過可怕的事。然而，一些美妙的世界，**在天國裏是價值連城的**；這些世界的創作者，**就成了特別受歡迎的人**。

由於記憶是無法隨意清洗的，所以當某人成為幻想世界的角色後，**並不會失去任何記憶**，他仍能清楚知道自己是天國的子民，和自己暫時進入了幻想世界的事實。在這世界裏，作者會安排他們存在的「形式」，可能是人類、可能是動物、也可能是幻想生物，直至經歷完劇情後，就會離開這世界，**回到天國的大環境中**，尋找下一段故事。

對於這種世界觀，有些宗教稱為「三千大千世界」(7)，有些宗教稱它為「六道輪迴」(8)，有些學派稱之為「多元宇宙(Multiverse)」(9)，其實這些都是對天國生活的瞥見。

【天國的樂園】

天國裏有各式各樣的故事；有「浪漫童話」，有「星際奇遇」，也有「生活小品」等等。這些故事縱然情節不同，但主旨仍是一樣：**就是要讓人「經歷愛」。**

平心而論，世人若有「心想事成」的能力，多數不會用來讓人「經歷愛」，**而是用來實現「色情」、甚至「虐待人」的欲望。**但我們回想一下，為甚麼會這樣呢？**是因為缺乏安全感。**人之所以會熱衷此道，**是因為看見別人降服時很有安全感，**所以追求這股快慰。

虐待是一種「不惜叫人受苦、也要自己享受」的自私行為，因此人越自私，就越喜歡虐待人。在云云眾生之中，**邪靈就最自私，**所以他們在地獄中製作了各式各樣虐待人的空間，來折磨一眾死人享樂（詳情見上冊「地獄篇」）(10)。

所謂「地獄」，**本質上無非是幻想世界，**在幻想世界裏，創作人都是「神」，所以人在地獄裏總逃不過邪靈的虐殺。相反，**天國裏人會利用「幻想空間」的力量去愛人，使參加者經歷「被愛」，**它就

成了樂園。因為對天國的創作者而言，**他們已經充滿了安全感**，就無需再靠虐待人去填補甚麼，剩下來最大的幸福，**無非是為人付出**。

人們進入了幻想世界後，就會受到它的世界觀限制，**能力變得有限**，因此被照顧時，**就能經歷「被愛」**。比如李先生創作了一個「鐵達尼號」的故事，故事中他擔任主角「傑克」，為了保護女主角王小姐（蘿絲）犧牲自己、沉屍海底，雖然他不會真正「永死」（故事完結就會復活），但由於這經歷是真實，**所以王小姐就會接收了這份「被愛的記憶」活下去**，然後把它傳播出去。

正因如此，天國是個充滿愛的地方，**有「愛的循環」流動著**。不同類型的人，有不同的氣質，**會製造出不同的愛情故事**。

氣質	愛情故事
浪漫 (Romantic)	一見鍾情（《鐵達尼號》Titanic）
謹慎 (Cautious)	抑壓情感（《太陽的後裔》Descendants Of The Sun）
甜蜜 (Sweet)	輕鬆浪漫（《BJ單身日記》Bridget Jones's Diary）
沉雄 (Grand)	史詩愛情（《亂世佳人》Gone with the Wind）
機靈 (Clever)	歡喜冤家（《史密斯夫婦》Mr. & Mrs. Smith）
窩心 (Worry)	溫馨悸動（《那些年》You're the Apple of my eye）
開朗 (Cheerful)	冒險故事（《生死時速》Speed）
和諧 (Harmonious)	都市戀曲（《悠長假期》Long Vacation）
銷魂 (Ecstasy)	危險誘惑（《驚情四百年》Bram Stoker's Dracula）
堅毅 (Perseverance)	宿世之戀（《三生三世十里桃花》Eternal love）
睿智 (Wise)	夢幻奇情（《剪刀手愛德華》Edward Scissorhands）

【天國的愛情】

天國裏所有東西都有創世神供應，本來就不缺甚麼，但唯一一樣「東西」是祂無法直接製造的：**就是「愛」**。因為他若命令「愛」發生，**這「愛」就是一項任務，不是真的**，所以天國裏的「愛」只能自然而發生。

天國裏的「愛」，**性質等同「男女愛情」**，但由於世人對「愛情」多有誤解，所以未必能體會它的真正意義。

世界把感情分為很多種，有「友情」、「親情」、「兒女情」等等，而「愛情」只是其中一種。但讓我們回想一下：為甚麼人會把感情分成這麼多種呢？**其實是為了保障「人與人之間關係的低限」**。比如有個弟弟討厭哥哥太出眾，他若是陌生人的話，早就敬而遠之了，但正因為他始終是哥哥，「親情」才維繫著他們的關係，不致失聯。

問題是：為甚麼社會要維持著人的關係呢？**因為要促進生產力**，社會就訂下了這些名目來維持關係，以免人的力量分散，社會就會崩解。

正因為這些名目都是關係的低限，所以當兩個人的關係好到極點時，**這些名目就沒有意義**。比如陳小姐和陳先生是對兄妹，他們因意外被困在大空船漫遊宇宙，卻因高科技不老不死。旅程中，他們面對「星際海盜」狙擊，就合作無間，後來心生默契，日久生情，早已看對方比自己更重要。落入這種情勢，天天耳鬢斯磨，他們會產生

愛情嗎？**只要時間一久，愛情是必然的。**至於兄妹關係甚麼的，早就拋諸腦後。

無論任何人落入此情此境，不管他們本是好友、上司下屬、師尊徒兒、兄弟姊妹、甚至親生父女母子都好，**只要時間夠耐，最終都會醞釀出愛情來**，畢竟人非草木，二十年不會，二百年也會；二百年不會，二萬年也會。人被時間侵蝕，感情的分類就會慢慢消失，**全都化為愛情。**

正因如此，在天國的無限時間裏，**人與人之間所有感情，都會化成愛情。**

【天國的時間】

在天國常常都會進入幻想故事，這些故事短則幾個月，慢則幾百年，那麼一個人從故事裏出來，外面豈不是彷如隔世？原來天國的時間觀不是如此。

首先我們要理解何謂「時間」，**時間其實就是指「東西活動的次序」**，比如船隻行駛，就要按著「起航」、「行駛」、「靠岸」的次序來活動，而不能「起航」、「靠岸」、「行駛」這樣，因為物理定律使得它必需如此，這就形成了「時間」。然而，要是有天物理法則失效了，**「時間」的概念就會消失。**比如船隻還在行駛，不知怎地會先靠了岸，然後才回到起航時，這樣就不再有時間，**只剩下主觀的感覺。**

我們有發現這情境在哪裏遇過嗎？沒錯，**就是夢**。當我們做夢時，可以本來在吃東西，下一刻卻冒險打怪，忽而又架車出遊，因為夢裏沒有物理法則，可以隨心而行。

同理，在天國也是如此，由於幻想世界是「創作者」隨心而行的世界，不會有物理法則，所以裏面的場景可以很飄忽，東西活動也沒有一定次序，**因此天國裏沒有統一的時間。**

一個幻想世界如何運作，**全視乎創作者怎樣想**，他的想法若有創世神那麼穩定，幻想世界就會有物理定律，但大部份人的想像力都很不濟，無法記得東西的位置詳情，通常只會記得一些忘記一些，**因此「時間」就會時快時慢**，甚至左穿右插。

比如李先生創作了一段「三十年」的愛情故事，當王小姐進入這故事後，**就會與裏面的時空同化，在裏面經歷了三十年**，後來就回到外面的空間，其他人卻不會知道她原來在裏面過了「三十年」。

> 主看一日如千年，千年如一日。(彼得後書 3:8)

這樣，她是否比人多活三十年呢？**不存在這種概念**，因為她雖然在幻想空間中渡過了許多年，但其他人同樣在別的地方渡過了不知多「久」，所以無法共量。假設你某天遇上了李先生，輕談了兩句就分開了，「明天（你感覺的）」又重遇他，但其實他可能已在某處渡過了一年了，你卻不會知道。

天國篇

【天國的性別】

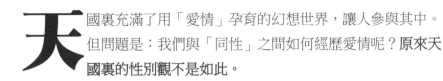

天國裏充滿了用「愛情」孕育的幻想世界，讓人參與其中。但問題是：我們與「同性」之間如何經歷愛情呢？**原來天國裏的性別觀不是如此。**

*以下的內容可能令人不安。

在地上，性別是與生俱來的，每個人出世時「男就是男、女就是女」，並且會按著這性別，與「異性」戀愛。但讓我們深思這一層：**為甚麼我們會愛上「異性」？而現代人又為甚麼會愛上「同性」呢？人是如何抉擇愛甚麼人的呢？**

其實所有愛慾，**都是源於對「權力」的渴求。**回到最初，人自從立志「不再依靠神」起，本質上就不夠力量生存，結果只好抓住四周的事物，包括資材、建設、工具等等，來寄託安全感。其中人最想抓住的，**就是其他人（人力資源），想令別人服從自己。**但問題是，怎能才能使對方服從自己呢？**這就要靠「合作」：**向他提供想要的，換取他的幫助。

所謂「愛情」，**就是男女之間的合作關係。**無論男與女，都不能獨自生存，**必需找同伴。**男人的力量較大，就以「保護」為價，換取女人聽從自己；女人力量較弱，就以「服從」為價，換取男人保護，所以愛情最基礎的本質，**其實是一場交易。**

在人類學上，「性交」本是這場交易的簽訂儀式。男女雙方都認定性交能穩定對方：男人覺得「簽約」後對方會順從自己，女人就覺得會因此取得對方更多資源，**所以雙方都會感到快慰。**

男女關係之所以是「男主女從」，**其實是體力使然。**但隨著時代發展，「體力」不再是決定性因素，**相反經濟力量、知識力量、和人際力量等等，都更加有力，**所以有時「富有女」、「高學歷女」、「交際花」都比男人更有權力，她們就會成為兩性關係中的主導者，**她們與男人之間的性欲就會倒錯**：男人會因屈從她們腳下而感到快慰，她們又會因收得忠犬而興奮。

此外，**有些人的權力已經大到可以駕御同性，**他們「操控」的欲望就會伸延到同性身上，以扭曲對方正常的性慾，**來享受對方「為了奉迎自己而改變性別角色」的權力感。**當他們慢慢沉迷此道，就會成為「同性戀者(Homosexual)」，但愛情的本質仍是不變，**都是一場權力遊戲。**

正因愛情是一場權力遊戲，所以人會出現哪種性欲（「攻」或「受」），**很在乎他怎樣定義自己。**那人很沒自信，就容易愛上強者，相反他很有自信，就容易憐愛弱者。但正如剛才所說，**性欲會隨權力改變，**以往男人自覺是「獵人」，但現在他沒有那麼有權了，就會自覺成了「獵物」，於是就會對「御姊」、甚至「男人」產生傾慕。

人會產生甚麼性欲，受到他的「自我權力感」影響。在地上，人始終有形體限制，對自我的理解

> 當復活的時候，人也不娶也不嫁，乃像天上的使者一樣。（馬太福音 22:30）

69

很難霎時改變，**所以性欲的轉變不會很大**。但天國裏就不同，**人沒有一個客觀的身體**，你定義自己有多強大，全在乎與對方相處時的感覺。

比如，你與一個比自己強的人相處，產生了順從的傾向欲，那麼你就會感到對方是「男人」，而自己就是「女人」。這種感覺會導致你在天國裏成為相應的性別：**即是變成了女人**。相反，你面對與一個比自己弱的人，對方就會成了女人，**而你就成了男人**。

> 因為羔羊婚娶的時候到了，新婦也自己預備好了。
> （啟示錄 19:7）

天國裏是沒有固定性別的。人彼此間的權力感，會形成自覺想要扮演的性別。同理，任何人面對創世神，**都會變成了女人**，因為祂的權力最大。

天國裏的性別既會改變，那麼我們「平時」是男是女呢？**其實不會有**。在地上，我們獨處時也不會留意自己的性別，除非想起了異性，才會感受到自己是男是女。同樣，**天國裏獨處時是沒有性別的，唯有想起他人，性別意識才會出現，這時身體就會產生相應的性徵，包括外型、器官、和氣質等等**。

【天國的權力】

天國裏「權力的高低」，決定了雙方的性別，那麼人的權力是如何彌定的呢？**其實天國的「權力」與地上是不同的概念**，首先讓我們理解一下何謂「權力」。

權力的本質是主觀的，**你相信誰，誰就有權**。比如某國「總統」的權力，只在他的「官員」身上有效，因為官員相信他，肯接受他的指揮；要是他有天飛機失事跌落了亞馬遜森林，食人族不認識他，就沒有權力了。

在地上，人憑甚麼準則去接受某君的權力呢？**其實是「他對自己性命的影響力」**。凡是能左右自己性命安危的人，我們都會視之為「有權」，**無論這是指「威脅自己性命」**的人（劫匪、軍兵、瘋子、債主、或者太太），**還是「幫助自己生存」**的人（金主、上司、父母、或者公安），**我們都會接受他的權力**。

地上的權力視乎「他對自己性命的影響力」而定，**但天國裏沒有這一套**，因為人人都是永生的。那麼天國裏看甚麼呢？其實只有一樣，**就是「愛(Love)」**，因為愛是無法自製的。

「愛」必需別人自發，所以在「甚麼都有」的天國裏，**「愛」就是唯一奇貨可居的**。越有愛的人，就越多人想親近他，去感受他的愛，**所以他會獲得更多支持**。這種「獲得支持」網絡，**就是人在天國的權力**。

天國裏有許多這類由「愛」築成的網絡，它們與地上的組織不同，地上的組織是為了某些「目的」而成立的，比如公司是為「盈利」，政團是為「改革」，軍隊是為「攻城略地」等等，人們只是達成這些目標的工具。但天國就不同，天國裏要人服從，**無非是為了讓跟隨者感到「被愛」而已**，此外再沒有其他目的。

比如，李先生愛陳小姐，他邀請了陳小姐進入一個「鐵達尼號舞會」的場景中，後來這首船撞冰山沉沒了，李先生就為了保護陳小姐，把救生艇給了她，自己留在海中凍僵。整件事中，李先生之所以要請陳小姐進入故事裏，**無非是要她經歷「被保護」的感動**，而不是要把她當作工具來奴役，**所以天國的權力是利他的。**

【天國的階級】

天國裏越有愛的人，就越有權力。由於天國裏所有本質都會外顯出來，所以他這份豐厚的愛，**也會化為相應的外型，**於是能吸引更多人與他交往。這種外顯的魅力，**是天國裏**的「**階級**」，宗教學上稱為「**冠冕(Crown)**」(11)。

天國的階級並非地上那種「階級」，地上的階級是用來「管理」的。由於人與人之間合作能產生更大的生產力，所以社會就設立了專屬的管理人來督工，這個身份就是「階級」。

**以下內容或許會令讀者不安。

天國裏的階級卻不是為了管理別人，**而是為了讓人體驗愛**。話說天國裏有許多愛情故事，這些愛情故事基本上都是「一對一」的，但有些的人愛情特別豐富，不只能滿足一個人，**更能招聚到多人歸於自己的愛情裏。**

在地上，人之所以無法經營「多向愛情」，是因為對象之間會「**嫉妒 (Jealous)**」。但嫉妒是從何而來呢？其實是源於「**比較 (Comparison)**」。人為了定義自己，往往都要從別人身上找出與自己不同之處，例如「薪金、高度、外貌」等。當我們發現自己有些地方較弱時，**就會查找為甚麼會這樣**，來撫平不安感。

例如，公司空降了一個頂頭上司來，你本來心有不甘，但有天你發現他原來有「三個博士、五個碩士」，這樣「潛在的嫉妒」就會被中和；相反，若我們找不到理由的話，就會覺得自己無故吃了虧，**於是產生「會繼續無故吃虧」的憂慮，這份憂慮就是「嫉妒」。**

在愛情裏，人也會有這種比較。由於愛情本是一場交易，所以當某人對眾愛分配不均，就會令她們猜度自己吃虧的原因，**若是找不到，**也會形成不安，即是「嫉妒」。正因如此，地上難以奉行多元愛情，**是因為資源無法公平分配，導致人思前想後。**

之所以難以分配得公平，**是出於技術問題。**比如一塊土地要分給兩房，即使再分得再精緻，它們的大小、高低、座向、冷熱等等，都不會絕對相同，**所以「嫉妒」是難免的。**

但天國就不同，它是隨心所欲的世界，所以只要你愛兩個人的程度相同，**就會按這心意照樣表達**，不會出現技術上的誤差。比如李先生同樣地疼愛「陳小姐」和「王小姐」，這份心情就會產生兩組愛情故事：一組是他為陳小姐深入虎穴，奪取了一顆鑽石給她；另一組是他為了王小組被囚禁十六年。由於他同等地愛著兩人，所以兩組故事的「痛苦度」會一模一樣，**兩位女仕就會感受到相同的愛。**

誰願為首，就必作你們的僕人。(馬太福音 20:27)

然而正是如此，天國裏愛著多人的人，就要承受加倍的痛苦，所以他們才要得到更大的能力，**來為別人犧牲。**

然而，每個人的愛情觀都不同，不能接受多元愛情的人，就不會加入這種關係裏，**他們會在許多段「一對一」的關係裏，成為浪人。**至於能接受多元關係的人，就會組成大大小小的團體，**成為天國裏的「族群」。**

【天國的族群】

天國裏「愛夠多」的人，才能吸引多人跟他，然而天國裏人的性別不是固定的，所以這不是指一段「一夫多妻」的關係，**而是一種「浮動性別」的關係。**

話說天國裏兩個人相處時，「掌權的一方」會成了「男人」，所以假設一個族長擁有兩個「女人」時，其實那兩個「女人」不是「絕對的女人」，而是「在他面前是女人」。當她們之間私下相處時，**其中一方卻會搖身一變，成為男人。**例如，李先生的族群裏有陳小姐和王小姐，李先生和她們相處時，她們自然是女人了，但當兩女相處，**較強的一方就會變了男人，**去照顧對方。

正因如此，**天國裏沒有「客觀的階級」，**所有「階級」都是相對的。人與人之間「愛較多」的一方，就自然成為「上級」，**不存在一個固定的性別，而是視乎對方是甚麼人而定。**比如李先生與陳、王兩

位「小姐」在草原上野餐，在李先生眼中，他是和「兩個女人」一起，但在王小姐眼中，她就和「兩個男人」一起了，至於「陳」呢？當他和李互動時，就會感到自己是女的，當他和王互動時，就會感到自己是男的。

在「多元關係」裏，人們會同時與多人相處，他們會在共同的「幻想空間」裏，裏面就會有著自己的社會制度、文化、世界觀，甚至物理法則。這種小型世界，稱為「**族群(Group)**」。比如「甲乙丙」三人都喜歡研究宇宙，他們相知相愛，就在同一個「星際研究所」生活，經歷「科幻」的劇情，這個科幻世界就是一個族群。

天國裏充滿了大大小小的族群，小的可能只有幾人，大的可能有數百萬人。**族長和其他人會一同用想像力建構這空間裏的一切，來支撐著這空間的存在和運作。**

天國裏有無數類型的族群。裏面的成員之所以會加入它，純粹因為他與這裏的人一起最舒服，久而久之，才建立起共同生活的空間。氣質不同的人，會建立起不同的族群，例如喜歡「熱鬧」的人，會住在街墟市集中，每天與熟悉的「鄰舍」交往；又例如重視味覺的人，喜歡住在「夢幻糖果城」。

氣質	族群
謹慎 (Cautious)	研究所(Laboratory)
沉穩 (Steady)	自然地貌(Landscape)
工作 (Workmanship)	都會(Metropolis)
浪漫 (Romantic)	舞會(Prom)
真理 (Truthfulness)	訓練中心(Training centre)
享樂 (Enjoyment)	酒店(Hotel)
領袖 (Leader)	戰場(Battlefield)
休閒 (Comfortable)	家庭(Family house)
溫暖 (Warm)	故鄉(Village)
甜蜜 (Sweet)	美味鎮(Delicious town)
恬靜 (Peaceful)	冰雪國度(Snow nation)
魅惑 (Ecstasy)	迷幻世界(Ecstasy world)

【義氣】

管理族群是一件難度高超的事，族長的愛要夠多，才能分給身邊的人，再透過這些人分給其他人，一層一層傳出去，直至暖遍整個族群為止。這份愛所及的地方，就成了族群的定義所在，**也就是說族長的愛有多少，他的族群就有多壯大。**

原來「愛」能傳遞的嗎？是的，靈界裏有兩種可傳遞的力量：**一種是「恐懼(Fear)」，另一種是「愛」。恐懼是屬於地獄的力量**，在地獄裏，奴隸會被領主恐嚇，他們就會把這股恐懼傳遞給他之下的人，一層一層傳出去，直至控制所有轄下的人為止。被恐懼洗禮的人，會被「物化**(Materialized)**」，失去意志，淪為工具。正因如此，地

76

獄本質上是一件龐大的機器，**每個人都在痛苦中執行命令**，乞求片面的苟存。

> 寶座的周圍又有二十四個座位，其上坐着二十四位長老，身穿白衣，頭上戴着金冠冕。(啓示錄 4:4)

相對於「恐懼」，**另一種會傳遞的力量就是「愛」。愛是天國的力量**，在天國裏，人被族長疼愛，就會把這份愛傳遞給他之下的兒女，然後兒女又會把愛傳遞開去。凡接觸到這份愛的人，都會被「活化**(Giving life)**」，變得更有安全感、更有勇氣、更有意志，**並且按著自己對「愛」的理解愛人**，使天國百花齊放。

問題是：天國的愛既源自族長，那麼族長為甚麼會有這麼大的愛？**其實是來自他生前的經歷。**

族長生前原是塵世的人，他認識創世神後，**就常感受到神的恩待**，卻無以為報，於是這份愛就會留在他心中，**用來報答祂的兒女（其他人）**。情況就如李先生深受上司恩待，有天上司的兒子出了意外，李先生就不容辭地幫助他，雖然這毛孩態度惡劣，但他仍會念著上司的舊情寬容一樣。

義人的愛正是如此，他素常受到創世神關照，就會報答到祂的兒女身上。這份「報答」，不是一種「會計式」的歸還，**而是本於一份肝膽相照的關係：義氣(Faith)。**

然而義人不過是凡人，無法無限量地犧牲，當犧牲到一個程度，就會害怕，所以要創世神出手救

> 如今常存的有信，有望，有愛。(哥林多前書 13:13)

77

援他，**才能在他心裏種下一份安全感**。這份安全感會使他下次敢於去得「更盡」，敢更加愛人。

越肯為神冒險的人，內心經歷就越多；經歷越多的人，他的愛就越大，那麼他在天國裏就更有權力，**一切都不是僥倖**。對於這種「生前積德、死後得果」的現象，有些宗教稱之為「因果報應(Vipāka)」(12)。

【天國的年齡】

天國裏，族長會把他的愛傳給族員，族員又會把這份愛傳遞開去，一直擴展，**這個擴展的流向就成了「階級」**。

在天國裏，兒女會把自己託付給長輩，長輩就要愛他們，所以內心必需有相應的「修為」。在地上，人的修為是經歷風霜而來的，所以世上「領導人」多是長者，無論是政府、軍隊、私人機構、以至家庭，都是如此。那麼天國裏的領袖又是否比較年長呢？**原來天國裏「年齡」不是這個概念。**

在地上，**年齡的意義是「離死有多遠」**。人越離死越近（越年老），**外形就會與「死屍」越相似**，出現「脫水、硬化、乏力」等症狀，這些都是死的先兆。人之所以會覺得年老是「醜」，是因為這些徵兆暗示著他會「死」，漸漸**「失去影響力」**，感到投資在他身上，**也無法回報自己**，所以才會產生厭惡。

但在天國裏人的身體是不滅的，他的影響力不會隨時日下降，**只在乎「他的愛有多少」，所以人外型的「美醜」，只在乎愛**。愛多的人，外型就美，愛少的人，就沒有那麼美，但總體而言，由於天國裏每個人被愛活化，**所以沒有一個人不是美麗的**，外表普遍只有二十來歲左右，以後永遠也不會老化。即使是天國裏一些較有智慧的人，這份觀感會稍微提昇了他外表的「年齡」，**但看來也不會超過三十歲**。

此外，天國裏也有些短暫出現的兒童，他們都是早夭的嬰兒，由於死時未有心智去「靠自己」，邪靈就無法拉他們往地獄，因此他們夭折後，**就會順著生物對造物者的本能被引導到天國**。

他們進入天國時，心智尚未發展，**所以外表仍會停留在嬰兒階段**，但隨著見識漸長，他們會逐漸發展成為「年青人」和「成年人」，然後永遠停留在相應的外表中。

【天國的移居】

在天國裏人會漸漸成長，價值觀自然會慢慢改變，於是他們就會離開原先的族群，**去另一個更適合自己的族群居住**。

天國裏「居住」的意義不同地上。地上的住處純粹是個「地方」，**但天國裏「地方」卻是「價值觀」的體現**，所以人會住在該處，無非是因為那裏最契合自己。比如喜歡「組隊冒險」的人，

就會住在有「噴火龍、獨角獸、巨石神兵、史萊姆、皮卡丘」的奇幻大陸，天天過著冒險的生活。

人死後，他的氣質能有很大幅度的變化，這是因為人生匆匆幾十年，**通常只會接觸某類文化，所以發展出來的氣質也會受侷限**。例如歐洲文化較「典雅」，他們就會較「有禮」；相反非洲人多接觸大自然，人就會較「直接」。

然而，天國裏這股「從本族承繼的氣質」會被重新塑造 。例如天國裏一個追求「原始力量」的非洲土人，本來住在「大草原」的族群裏。後來他認識了一個生前為無國界醫生的朋友，就了解到「助人為快樂之本」，於是也想去「助人」，就移居到「城鎮型」的族群了。

天國裏人會因為成長而遷徙，然而若是他們心念一轉，還是可以回到想去的地方的。比如這個非洲土人與人交往多了，偶而也想靜一靜，這就會產生一股動能，使他回到大草原渡假。天國裏人能隨意馳騁到任何一個地方「旅行」，**只在乎他想不想而已**。

【絕對領域】

天國的一切都是由想法造成，當人心念一轉，就自然會動起來。同樣，我們若想找回認識的朋友，**只要「想起他」就能接近**；不過在天國裏找回親友的難度，並不在於此。

天國的「地方」不是客觀存在，而是由想法構成的，所以當人不想接觸任何人，**他就會處身於一個「別人無法接觸的領域」**。比如李先生想念王小姐，這本來會使他們移近，但原來王小姐不喜歡他，這股想法就會使王小姐處身於另一個次元中，叫李先生永遠無法接觸。這個別人無法入侵的領域，**靈魂學上稱為「絕對領域(Absolute Field)」**。

「絕對領域」不是一道力牆，**而是一個分隔的空間**。天國裏每個人都能製造絕對領域，事緣當他們被煉淨後，**不再執著於「必需要與誰一起」**，內心就能回復到真正的自由，這份自由就是產生「絕對領域」的基礎。

在天國裏，絕對領域是不需要「啟動」的，**它是人的常態**，相反他們想接觸其他人時，絕對領域才會開放。正因如此，**人就能自由選擇接觸甚麼人**，有時他會開放自己與別人相處，有時會隱居靜思，這都是憑他自願，可以隨時參與，也可以隨時抽離。

【神隱】

國裏人要自隱，別人就無法找到他，但其實天國裏自隱得最深的不是別人，**而是創世神自己**，因為對祂來說，人類本應毀滅，所以為免滅掉他們，就不得不隱藏自己。

天國篇

從祂看來，三界眾生本應歸附祂，**但現在人類既要遠離**，本質上就失去存在意義，**理應消滅**。然而，還留著人類，無非因為他們的後代還有機會出現一個肯完全依靠祂的人，**去補完這份情感**。因此其實就「現刻」來說，人類應當滅亡，「未滅亡」只是基於後世還有機會而已。

然而，創世神心裏這份憎恨是真實的，所以人若接近祂的話，**就會被祂本質裏的憤怒擊殺**，那時靈魂就會癱瘓，無法再活動，所以祂只好逃避人類，把自己留在絕對領域裏。這個創世神的絕對領域，宗教學上稱為「**至聖所(The Holiest)**」(13)。

至聖所是「**聖殿(God's Temple)**」的核心。所謂「聖殿」，本是指古以色列一座建築物，但它其實是神按著天國裏「真正的聖殿」來仿造的。在天國裏，**聖殿是創世神的居所，與祂越親密的人，就住離聖殿越近**，甚至有些人能進出聖殿，然而始終仍無法進入最深層的「至聖所」中，因為祂要隱藏自己。

至聖所會有基路伯級的天使進出，他們會在至聖所裏的「**施恩座(Mercy seat)**」接受創世神的力量，再把它們帶往外界分給各個族長。族長獲得供應後，就能供給他的族群，然而，由

> 櫃上面有榮耀基路伯的影罩著施恩座。這幾件我現在不能一一細說。(希伯來書 9:5)

於基路伯能運送的有限，所以族長的力量仍未解放，**天國的發展就仍未完全**。

直至他的來臨：**耶穌**。

82

第、拾肆

「耶穌遠勝於我，他没有一兵一卒，未佔領過尺寸之地，他的國卻建立在人心中」—拿破崙 (Napoléon Bonaparte)[1]

創世神之所以要留在「絕對領域」，是因為人類仍未給予祂一份真正的愛情，去補完「人」的存在意義。直至他來臨，才釋放了世人，也釋放了神的心。這個「他」，就是「救世者」耶穌基督(Jesus Christ)。

**本章不是要傳教，而是要從靈界的角度，客觀地解釋這個人對靈界的影響。

【補完】

救世者之所以要來到世界，**是為了「補完(Fulfill)」人類的存在意義**。在創世神眼中，人類本是為了「依靠祂」而存在的，所以亞當才會被造，不過他失敗了，於是創世神只好讓他的後裔一個接一個出現，希望總有一個能依靠祂，可惜歷世歷代這麼多人沒有一個成功，**人類的意義就一直都未補完**。

為甚麼人類總是不能依靠神呢？**因為「漫不經心」**。本質上，人之所以能活著，**全靠創世神維持一切**，包括「適當的溫度、食物鏈供應、精準的 PH 值」等等，但人類對此總是漫不經心，不感恩之餘，**還「自我感覺良好」**。

甚麼是「自我感覺良好」呢？比如李先生出身寒微，卻靠著奮鬥，最終白手興家，他就把所得的回饋社會，興建學校、醫院，要建立一個更美好的世界。從人看來，他是人的典範，但從天國看來，**這類人卻是最可憎的**，因為他始終都不知道，一切完全是**創世神施予**，卻以為自己有多大能力。事實上，神寧可人活得焦頭爛額，也不想人自以為是。

然而，**世上就是充斥一大堆的自以為是的人**，他們歌頌「明天會更好」，為「人間有情」拍掌，又高喊「人定勝天」。

全世界都對神漫不經心，所以如果祂若要認真起來的話，就只有全部「擊殺」，唯祂仍想給予人類機會，就只好對世界愛理不理，任由它「擺爛」，希望總有一天，會出現一個「依靠祂」的人，**去補完人類的存在意義。**

【自傷】

創世神忍耐著世人的漫不經心。**但這種忍耐，意義遠比我們想像中深刻**。一般的「忍耐」，是指「任由對方胡作非為」。例如李先生有個逆子，時常吸毒，那麼李先生的「忍耐」，至多只是「任由他吸毒」而已。但創世神不只是這樣，是要「**親手幫他吸毒**」。

為甚麼呢？因為物質界所有現象，**都要由神「驅動」才能發生**，包括「人的活動」都是如此。其實我們每逢想郁動身體，都要經過

84

「神批准」，這動作才能真的「發生」（「想動」是人的自由，但「動作發生」就要神批准了）。

| 我們生活、動作、存留，都在乎他。（使徒行傳 17:28） | 比如李先生想「揮拳」，拳之所以能揮動，是因為創世神因應他的想法，讓拳頭如願揮動。那麼創世神能否拒絕呢？能，**這種現象就是我們所謂**

的「**患病(Illness)**」。有時神會這樣，他就無法控制身體，於是成了「患病」或「殘疾」。正因如此，人想做甚麼是他的自由，**但要成功「做」出來就涉及神的主權了。**

因此人若要「目中無神」地活，神就會面對兩難：不批準他的話，**就會使他們的身體「受傷」**；批准他，**就要一手一腳地侮辱自己**，那麼祂要怎樣選擇呢？

通常就是神心慈，不去傷害他們，**寧可勉強順從人意志**，等他們悔改，也不「硬著陸」。於是創世神只好天天侮辱自己了。

【滅世】

 活得目中無神，就會使創世神陷於兩難：要不就傷害他們，要不就侮辱自己。在大多數情況下，**創世神都不傷害他們**，好讓他們有機會「**悔改(Repentance)**」。

所謂「悔改」，是指人否定靠自己的生活態度，重新肯定「依靠神才正確」。事實上，只要人肯悔改，創世神總會既往不咎，**但問題**

是人悔改的態度並不積極，往往幹了「一百件」可憎的事，偶而才悔改了「一、兩件」，那麼神就只好吞下其餘九十八件事，**結果就積壓了許多憤怒。**

這些憤怒，**會使創世神把物質界看得越來越「負面」**，因為物質界本是讓人類依靠神的平台，現在人類目中無神，**物質界就變得沒有價值，快要到達被廢棄的臨界。**

面對這危機，只有一個人能拯救它，**他就是預言中的「救世者」。**

【人設】

何謂「救世者」？話說神造每個人之前，**心裏都有對他的「人物設定(Character development)」**。情況好比我們寫小說前，**會先做人物設定一樣**，他個性怎樣、有甚麼身份、會做甚麼事，都會在「未進入小說前」就先設定好。有人是剛毅耿直的「郭靖」、有人是瀟灑不羈的「洪七公」、有人是傻頭傻腦的「傻姑」，他們都一早被預定了是甚麼人。

然而，小說角色固然可以如木偶般控制他們，使得「郭靖」必然會成為郭靖，「傻姑」也必然會成為傻姑，但人類卻是活物，**只能「引導」他們成為預定的人**。比如「挪亞」，他雖然被預定了要「造方舟」，但他會不會不受引導，或許走了去「教書」，就要視乎他的決定了。

邏輯上，人離開了命定，就會在創世神眼中失去了價值，**結果就是死**。情況就如我們去玩「角色扮演遊戲(RPG)」，劇情是預備了給你，但若你永遠不去觸發，就永遠無法通關，最終只會在平素的「大地圖戰鬥」中死去，永遠消失。

每個人的生命都有自己的專屬劇情，**只要跟著這劇情走**，靈魂的質量就會逐步提升，**最後回復到「終極狀態」**。就如郭靖開始時雖是一個「傻小子」，但只要跟著劇情走，就會逐步獲得「降龍十八掌」和「九陰真經」等能力，成為作者預定的大俠一樣。

所有神預設給人的劇情，其實都有一個套路，**就是要使他們越來越「依靠神」，然後擁有越來越完全的「能力」**。這種「能力」，和我們理解的不同，我們理解的能力是屬於自己的，包括「力量、速度、反應」等，可以隨意運用。但神眼中的「能力」，是指那人「被神加持的程度」，使他無論處於危險、陷入缺乏、面對敵人，都能如履平地，這種能力稱為**「主角威能(Protagonist power)」**。

話雖如此，但其實歷世歷代每個人，**都沒有一個能「完全」跟著劇情走**。正因為人的表現如此不濟，創世神已經忍無可忍，幾乎要下手毀滅世界。

【神人】

世人都有自己專屬的「人設」，有人要成為「智慧人」、有人要成為「世代的燈」、有人要成為「眾人之母」，但沒有人能百份百履行它。唯直至二千年前，這情況有了改變：當時有一個名叫「耶穌」的巴勒斯坦人出現，**他的「人設」是「神」**(2)。

> 太初有道，道與神同在，道就是神。
> （約翰福音 1:1）

何謂人設是「神」呢？**即是要他成為「神當人類的樣子」**。打個比喻，金庸要把自己寫入小說中，成為一個角色，耶穌就是這種「穿越型」角色了。

神既不斷指責人沒有「依靠祂」，所以祂一旦成為人類，就會比誰都「依靠祂」。不過耶穌不是電影裏的演員，而是一個活生生、有自我意識的人，**所以他依靠神，無非是靠自己的意志順從（他可以選擇用其他方式生活），難度系數絕對是「滿點」**。

雖然如此，神總不會叫他面對一個必死的困局，所以會給他成長的空間，**慢慢成為「神人」**。正如金庸也不會叫郭靖在第一章就打「西毒歐陽峰」一樣，總要一步一腳印，日後才能打「大 Boss」。

【先天】

創世神若造一個先天就「能力逆天、智慧無窮」的人出來，然後讓他輾壓一切，**這是毫無意義的。**就如金庸去創作一個「單手撕開地球、指頭戳穿宇宙」的角色，**只會破壞整部作品，**根本毫無意義。

一部作品的精粹，並不在於角色的勁度，而是在於有限的條件中，**展現無限的精神，**所以一部好的作品，**必需限制角色的能力。**同理，創世神不能先天就賦予耶穌一套「全知的資料庫」和「必勝的決策系統」。

因此耶穌沒有任何先天奇力，他不但不是「全知」，更和常人一樣是「白紙一張」，所以理論上，那種價值觀最先接觸他，就會主導他日後的發展方向。正是如此，天國必需搶「在世界接觸他」前先接觸他，怎麼做呢？**就是在他的「母腹期」下手。**

「母腹」其實是一個由「母親心情」支配的世界，一個鼓燥的母親，她的子宮就會成了一個鼓燥的環境，使嬰兒不安；相反母親充滿安全感，也傳遞到嬰兒身上。由是推之，**其實母體任何情緒，**都會傳遞到嬰兒身上，雖然這種傳遞只有嬰兒那般敏銳才感受到。

正因如此，天國若要為耶穌營造一個「依靠神」的母腹環境，就要先讓他的母親「依靠神」，她就會把這種感覺傳遞給耶穌。

於是，**創世神就向耶穌的生母「馬利亞（Blessed Virgin Mary）」埋手，使她憑空懷了孕**(3)。就好像西遊記的作者吳承恩用的「作者權力」，使「孫悟空」從石頭裏爆出來一樣，跨越了「生物學」的框架。馬利亞既被神蹟加持，內心就感動，**這種精神狀態使她的母腹形成一個「依靠神」的環境**，意識傳遞到耶穌（胎兒）身上，**神的意識就搶先影響了他。**

一般人都是出世後才接觸到「神」，例如透過「宗教文獻」或其他「神人」等等，但畢竟他們的心思早已經被「**靠自己**」的文化沾染，總會用「祂幫到我甚麼」的角度去衡量神，**就無法純粹地依靠祂。**日後遇到更大的困難，就會「跳船」。

但耶穌與他們不同，**他在「白紙期」就受神的意識「胎教」**。當時馬利亞覺悟到自己被天國揀選，靈魂就灌滿了力量，使她懷孕的狀態前空絕後地好。作為胎兒的耶穌，**感受只會深一百倍**，這股神聖的感覺，成了他日後應對事情的基礎。

胎兒也有意識的嗎？ 美國神經學家布米尼克芭芭拉，以微形技術研究胎兒的大腦，確定 28 至 37 周的胎兒已經有思考能力，其神經組織與新生嬰兒沒有分別。心理學家更表示胎兒在子宮內已經擁有情感及知覺，而他的人格正是通過和母親密切的溝通形成的(4)。

正是如此，耶穌未接觸世界前，已先在母腹接觸到神的意識，**這是他與常人唯一的不同之處**。經過這九個月時間，耶穌對神的聲音已經異常敏銳，往後就能面對世界。

【平凡】

耶穌自出娘胎後，便要與常人一樣面對生活，但耶穌的「生活」與一般人不同，**一般人的生活是「掙扎求存」**，他們缺乏安全感，所以常常為資源擔憂，即使有衣有食，仍覺不足。但耶穌一開始就被超然的安全感洗禮，所以對他來說，「依靠神」就能得著一切，**相對地「生活」只是用來試煉這信念的平台：**究竟我靠著神的力量保障，能否如履平地呢？

耶穌正是這樣去試煉自己的信心。比如他的父親是個木匠，就在神的引導下「子承父業」，當上平凡的木匠(5)。這種「引導」的總意，**是要他克服世界的觀感**（木匠＝「沒出息」），所以世界越覺得理所當然的事，**神越要他反其道而行**。從生活的小節起，神一直引導耶穌去「漠視世界、聽從神」，後來這些指示越來越強人所難，**但耶穌都一一照做。**

比如耶穌少年時，就曾與父母去耶路撒冷過節，那時人山人海，神叫他在人潮中離開父母，跑去聖殿論道；即使父母憂心如焚，也照做如儀。因為理論上，**神的意識是他最高指示**，哪怕叫他殺人放火、姦淫擄掠，**都會一一照做**，只是神沒有這樣叫他而已。

後來，當耶穌的靈感越發強勁，一般情況已難不倒他，神就叫他去曠野禁食四十日，等他堅持到了，**他就成了一個只聽從神的人**。他成了世人眼中的「怪人」，敢做一般人不敢做的事，敢說一般人不敢說的話，卻不是為了甚麼，**而是為了他口中一個虛無飄渺的「父」**而已。

當耶穌不斷挑戰自己，他「依靠神」的信念就不斷增強，**最後強到一個空前絕後的地步**。

【神蹟】

耶穌雖被預定為「神人」，但也要由「白紙一張」起成長。最初，他從未有過信仰體驗，只能對神的「聲音」半信半疑，要靠宗教文獻來分辨聲音的真偽，**這時天國仍無法給他超常的指示**，因為他受到宗教約制，難以過份破格。

然而，當耶穌經歷了許多試煉後，靈感已經強到不可思議的地步，**所以能精準地接收神的信息**，於是神就能下達一些「超乎常理」的指示。這些事耶穌做出來後，後果十分戲劇化，稱為「**神蹟 (Miracle)**」。

比如神叫耶穌「吩付疾病離開」，耶穌照做，就使得病人痊癒(6)。事實上，「吩付疾病離開」是一件很尷尬的事，但耶穌對神充滿信心，**只要神夠膽吩咐，他就夠膽做**，所以神就不負他的信任，使不可能的事發生。

> **我不能求我父現在為我差遣十二營多天使來嗎?**
> (馬太福音 26:53)

這種神力，不是耶穌本身的力量，**而是天國在背後使用了超自然力量**。事實上，耶穌的能力與常人無異，要是我們有耶穌的靈感，也能做出相同的事，**只不過我們實際上沒有而已**。

【全知】

由於耶穌的宿命是要成為「神」，所以他總要陸續取回「神的能力」，其中一項最重要的能力，就是「全知(Omniscience)」。

耶穌是以「人類」的身份把「神的能力」賺回來的。其實一直以來，創世神都因為「人類」是宇宙的主角，舖設了一條道路讓他們「臻神」，只要人肯依靠祂，就能走在這條路上。不過歷史上沒有人走得成這條路，才與「臻神」擦身而過而已。

但耶穌卻走上了這條路，他依靠神，以致對神的意識越來越敏銳，神就能隨時隨地告訴他任何事。由於創世神是全知的，所以祂把事情都告訴耶穌，耶穌也成了全知。

正因如此，耶穌的「全知」是條件性的，每當祂要知道一件事，神就會告訴他，否則他不會知道。例如當時就有八卦友問他「世界末日的時間」，他就因為這是封印的秘密，而沒有去了解(7)。

> 但那日子、那時辰，沒有人知道，連天上的使者也不知道，子也不知道，惟獨父知道。
> (馬太福音 24:36)

耶穌這種「全知」的能力，並非「開掛(Cheating)」，因為他通往「全知」的道路，其實常人也能走，只是他們熬不住而已。

【救世者】

耶穌的本質是個「人」，所以不會一開始就知道所有事，但隨著他與神的關繫越來越密切，就能接收到各種奧秘。其中最重要的，**就是他身為「傳說中的救世者(Messiah)」**的秘密[8]。

甚麼是「傳說中的救世者」？話說歷世歷代都沒有人肯依靠神，創世神就一忍再忍，後來心灰意冷得想要消滅世界，但祂始終不甘心，就用自己的面子作押，**預言必會有個人會對他貼貼服服**，祂就為這個「兒子」不去毀壞世界，這個人就稱為「傳說中的救世者」。

這個人雖是救世者，但不是超人，本質上與常人無異。唯一使能識別他的，**是一系列身份認證**，包括「出生、長大、經歷」等等（比如會在以色列伯利恆市出世），來記認他。

事實上，耶穌從小就吻合了這些認證，只是旁人和他自己都沒有察覺，後來耶穌的知識漸長，**才發現自己吻合，於是就確定了自己是救世者**。然而，他自己確定而已，別人卻不會承認，**所以他要證明自己的身份**。

怎樣證明呢？**就是行神蹟**，因為神蹟是一種除了神之外就沒有人能做到的事，所以只要他能行神蹟，就可以證明神站在他一方。當時，耶穌一邊公告自己來自神（公眾看他是傻瓜），一邊行神蹟，包括醫治、驅魔、甚至變動天象等等，來證明自己所言非虛。

耶穌不單是要證明自己來自神，**更要證明自己的空前絕後，比其他**「以色列人」，「先知」，都更加獨一無二。所以耶穌必需做一件事，**就是要違反「傳統」。**

【反傳統】

耶穌要獨一無二地代表神，並不容易，因為當時已有一整個「猶太教(Judaism)」自稱來自神(9)。**他們擁有歷史地位、豐厚的財力、甚至私兵，包攬著信眾的損獻，坐擁龐大的勢力。**當時這個行業鏈養活了許多人，所謂「斷人衣食如殺人父母」，耶穌要破壞他們，他們誓必拼命。

猶太教為了鞏固自己的地位，建立了一堆宗教守則，稱為「傳統」。由於一般百姓既不明白、又守不住，自然深感惶恐，於是就會拜服猶太教師，同時奉獻多多了。正因如此，「**傳統」是猶太教的生財工具，**任何人要破壞它，他們都要把這口眼中釘除掉。

> 那時,有法利賽人和文士從耶路撒冷來見耶穌,說:「你的門徒為甚麼犯古人的遺傳呢?因為吃飯的時候,他們不洗手。」
> (馬太福音 15:1-2)

耶穌正正是這口眼中釘。當時耶穌要成為創世神獨一的代表，就著手挑戰一切自稱「代表神」的勢力，然而他畢竟出身寒微，又沒有甚麼人脈，**唯一有的就是「超能力」，**所以唯有用超能力對抗他們。

95

當時，**耶穌高調違反猶太教傳統，**包括「在安息日治病」，「飯前不洗手」（這些都是宗教傳統的規定）等等，以展示他的立場，又**公開行神蹟，**包括「行醫驅魔」，行「五餅二魚」(10)，甚至「使人復活」(11)，以展示神是站在他那邊的。

耶穌之所以要如此，是因為當時百姓被傳統捆綁得太深。他們常常以為誤觸雷區就會罪孽深重、永不超生，**所以耶穌就要堂而煌之地違反它們，**好讓大家看見「即使違反這堆東西，也沒問題」。當時許多未能合符標準的妓女(12)、稅吏(13)、外族人(14)、病人等(15)，都因為耶穌獲得了內心的救贖。

耶穌廣邀大家仿傚自己，拋開外在的宗教標準，回歸純粹的關係。由於他廣行神蹟，就獲得了熱烈支持。歷史學家弗拉維奧・約瑟夫**(Titus Flavius Josephus)**這樣形容當時的情況：

「*這時猶大地出現一位名叫耶穌的智者 (如果我們能這樣呼他的話。) 他能行神蹟與奇事，又是許多喜歡追求真理之人的導師。跟隨他的人除了猶太人之外，也有不少是希臘人。*」(16)

正因如此，耶穌奪回了大量天國的版圖，**這嚴重地威脅到撒旦的勢力，邪靈就不得不把耶穌致諸死地。**

【十字架】

耶穌使撒旦國的勢力大減，所以邪靈為了自保，**只能消滅耶穌**。當時世人看耶穌是「天國的代表」，所以他興旺了，世人就會對天國傾心，**相反他被消滅了，世人就會對天國失望**。問題是邪靈如何使他消滅呢？由於耶穌一直被天國嚴密保護，要傷害他談何容易。

在一般情況下，**邪靈會引誘這人去「靠自己」**，只要成功了，天國就會撤去對他的保護，繼而作出攻擊。可是耶穌已經毫無心理上的弱點，無論在情欲、金錢、和權力方面，都無法引誘他，邪靈在苦無對策之下，**就唯有用「物理方式」對他「硬傷害」**。

如何「硬傷害」呢？**就是叫人去傷害他。**邪靈是靈體，要遵守靈界定律（就好像人要守物理定律），**無法硬生生殺傷人身體**，然而他們掌握了很多猶太教師的心，**只要能激動他們**，就能傷害耶穌。

> 撒但入了那稱為
> 加略人猶大的心。
> （路加福音 22:3）

由於猶太教師被耶穌奪去了聲望，早就想殺之而後快。**他們收買了耶穌的門徒加略人猶大(Judas Iscariot)作為內應**(17)，去捉拿耶穌。

加略人猶大是耶穌的門徒，一直跟隨耶穌周遊列國，深知耶穌擁有超能力，是真正的救世者。**唯他心目中一直都是以政治角度去看這事**，想利用他的力量去推翻羅馬政府，開闢新國，他就能成為開國功臣，**這是他心裏的投資**。

然而，**耶穌卻去挑戰猶太教**，從政治角度而言，這樣做是荒謬的，因為對方總算是自家「猶太族人」，理應與之聯合，討伐強大百倍的羅馬政權；再加上當時耶穌勢孤力弱，要挑戰一整個猶太教集團，無疑燈蛾撲火，**所以猶大就對他失望**。既預見了耶穌的滅亡，猶大就選擇了「止蝕」：**出賣耶穌**。

當時猶大收了猶太教的錢，帶他們在夜間搜捕耶穌，**使對方可以進行秘密審訊**。於是私兵就捉拿了耶穌，隨即把他定罪行刑，他們處死耶穌的方法，**叫做「釘十字架(Crucifixion)」**，做法是把犯人高懸示眾，最後力盡窒息死亡，**就是這樣耶穌被殺害了**。

正當邪靈歡天喜地，以為消滅了耶穌之際，其實這只是一個表象；真相卻是創世神的計劃正式開始。

【死亡】

正因耶穌死了，天國「重奪世界」的計劃才能正式啟動，但耶穌只是一介人類，如何能啟動這麼一個計劃呢？要理解箇中的原由，**首先要理解「死亡」的真正意義**。

創世神用「想法」造成了世界，他之所以這樣做，是想人「依靠祂」。唯自從亞當起直至他每一個後代，都沒有人成功過，不過機會仍然在給。事實上，**若創世神仍使某人活著，就代表仍然給他機會**，一旦那人死了，**就代表機會已經給完**。

正因如此，人之所以會死，**其實是因為「神想他死」**。當祂認為那人不會依靠祂了，機會給了也是白饒，**就會想那人死，於是物質界就會「執行」神的意志**，促使那人死亡：可能是病發，可能是車禍，可能是兇殺，可能是雷擊，甚麼都好，都是天國的手段，所以死亡其實毫無隨機性。任何人對神的反應不夠熱烈，神都會覺得他「該死」，這份觀感就造成了「際遇」，使他死亡。

事實上，哪怕後來撒旦機關算盡，打造了「世界」，想叫每個人都受「執念」控制，**這不過是他一廂情願的想法。對創世神來說，祂想人不受撒旦控制，其實毫無難度**，只是祂想看看，人若活得這麼艱難，肯不肯求祂而已。

正因如此，歷史上沒有一個人死，不是創世神想他死的，**包括耶穌在內**。

【計劃】

所有人死，都是「神想他死」，連耶穌也是如此，**但耶穌的情況有點不同**。一般人是因為他不會再依靠神，所以神才放棄他，但神對耶穌卻不是放棄，**而是要寄望他完成一個「需要犧牲」的計劃**，這個計劃就是「人類補完計劃**(Human Instrumentality Project)**」。

甚麼是「人類補完計劃」呢？話說人類一直都不肯依靠神，叫神積壓了許多憤怒，使世界處於滅亡邊緣，**更糟糕的是這是個「無解」的危機**：因為人若以為可以「解決」神的憤怒，**這反而是更大的「藐視」**。

正因如此，縱使世界越來越多紛擾、暴虐、及戰爭，**人類本是無事可為**，因為這些都是神對世界「心淡」所造成的。原本創世神就要如此讓世界滅亡，但祂赫然發現世上還有些不錯的「義人」，就放慢了毀滅的過程，看看這些義人會做出甚麼有趣的事來。這些「義人」，不是因為做了甚麼，神才覺得他們有義，而是因為他們自知甚麼都做不了，**就甘心等候神發落**，這樣才是真正的義，**因為很有自知之明**。

正因為創世神不想他們失望，就一直在延遲世界崩壞，祂這種心態在耶穌時到了高峰，因為神看見他這麼信任自己，就決定為了討喜他放過「世人」。怎樣放過呢？**就是去「否定自己」**。

回到最初，創世神之所以無法接受人藐視，**無非因為「這是祂的本質」**：祂本質上就排斥「人類作為受造物、卻目中無神」這件事，**所以人類就被詛咒**，導致死亡。

神對「人藐視」有著本質裏的排斥，因此祂要放過人類，**就只好去除本質裏這份敵視**。但創世神要修改自己的本質，並不是一件稀鬆平常的事，因為物質界都是由祂的本質衍生的，所以哪怕祂的本質出現了一絲一點的改變，**也會牽連甚廣**：有些東西會「升上神枱」，

有些東西會被誅滅，而在「人類補完計劃」的修改中，**得益的就是「人類」，被誅滅的就是「耶穌」。**

創世神要接納「人的藐視」，**就必需廢除了自己本質裏面「對人類的要求」**，唯有不對人類寄望，才能使他們的藐視合法化。當創世神這份觀感改變後，**就會使人類享有一連串正面影響**，包括過去因達不到要求而施加的「貧窮、疾病、罪惡、欺凌、戰爭」，現在都會除去，使世界「繁榮、豐盛、公平、有愛、資源增加、遠離疾病」，所以近代人的生活質素才會突飛猛進。

然而，既有一些正面的影響，**就必然有相應的「負面代價」**，這個代價，**就是耶穌被誅殺。**

【天誅】

到最初，創世神擬定了耶穌是「人中之神」，所以祂看來，耶穌就是自己。問題是：神為甚麼要在物質界弄一個「自己」出來？**其實是用來「誅殺」的。**

祂必需「誅殺」自己。由於神本質上排斥著人類，所以祂要放過世人，就要「**自我否定**」。「物質界」是祂想法的舞台，所以祂「**否定自己**」，效果就是把自己誅殺，他既定意如此，就會使「耶穌（祂自己）」在物質界出現，**然後被誅殺。**

由於物質界執行了對「神」的否定，所以原先對人類的詛咒就會消失，他們就能回歸「繁榮、豐盛、公平、有愛、資源增加、遠離疾病」中，這些一切都是用耶穌的命換來的。

然而耶穌死了後，**真的就這樣永遠了嗎？**

【回歸】

沒錯耶穌死了，但這樣就永遠了嗎？其實天地三界都在創世神的權下，**祂的觀感仍支配著一切，包括耶穌的靈魂**，使他死後仍然大有文章。

一般人死後，會受創世神的負面觀感詛咒，下到地獄。但耶穌不同，他是執行「神的計劃」而死的，**神本來就「捨不得」他**，所以這份「捨不得」會支配耶穌死後的遭遇，使他即使落入陰間，**最終還是回歸創世神身邊。**

那時，耶穌在耶路撒冷被殺後，門徒就把他埋葬在附近一處山洞，用香料包裹屍身，再由巨石封印墓門。與此同時，耶穌的靈魂早已離開肉身，落入了陰間。正如其他義人一樣，**他的靈魂會被守護天使（祂的守護天使，稱為「聖靈」）救起**，然後帶往天國，並且因著創世神渴望，他要回到創世神身邊。

創世神對他又憐憫又感激：既感激他解開了自己萬年心結，**信任祂一直至死**，又憐憫他為自己飽嚐恐懼、身受劇痛。另一方面，耶穌

也知道眼前人沒有辜負自己，最後把他帶回身邊，**給他一個完美的結局。**

然而，這不過是開始，創世神得到了耶穌這份至死不渝的愛後，滿足了萬年心願，**所以為了報答耶穌，就把所有都送給他。**

【臻神】

世神本就甚麼都有，祂只缺乏一份至死不渝的愛，現在耶穌既給了祂，**作為回應，祂就把手上所有東西都送給他。**正因如此，**創世神把天上地下的所有權力都送給他**(18)。

話說天地本由創世神支配，祂想做甚麼，**都只在一念之間。** 現在祂既然把權力給了耶穌，就使耶穌無論想做甚麼，都心想事成。不過事實上，創世神不會（亦不可能）失去本質上的權力，**只不過祂現在用意志去「同步」耶穌的意願而已。** 比如耶穌要這座山倒在海中，神就使這山倒在海中。

對於耶穌來說，他雖獲得了無上神權，但這不代表他會性情大變，因為對他來說，**重要的是眼前這份情，** 權力無非是用來滿足這份情的工具而已。

問題是：創世神甚麼都有，耶穌還能為祂做甚麼呢？有的，**就是要自己「萬人景仰」。** 他不是為了自己，而是為了創世神高興，所以耶穌就回到世界，向世人宣告：「**你們都要歸順我**」。

【復活】

耶穌為了取悅神，**就要世界奉他為王**。其實若不是耶穌執行了「人類補完計劃」，人類本就死定了，**所以現在他要人歸順他**，本就合情合理。正是如此，**他回物質界宣告自己**的決定。

那時是耶穌死後第三天，他的靈魂從天國返回自己屍身，**正式復活**。由於他要昭告王權，**所以需要一個相應的外型**，就修復了身上所有損傷，改變了平平無奇的相貌，叫身體擁有最強力量。

耶穌改變形象後，就離開了墳墓，**招聚失散的門徒**。那時門徒正自驚魂未定，既怕當局追捕，又埋怨自己甚麼都做不了，**就隱閉消沉**。耶穌前去解慰他們，但由於他的外形改變太大，**一時之間無人認出**，後來門徒才感到他是**耶穌**。於是耶穌展現超能力，使猛然大家醒覺：**他竟然復活了**。

就是這樣，在及後數十天，耶穌把他死亡和復活的經歷向門徒娓娓道來，又展示了許多證據，包括他身上的釘痕[19]、和超能力等等[20]，**使門徒相信**。耶穌指出：我取得了神權了，復活就是證據，**世人應該奉他為王**。

> 耶穌進前來，對他門說：天上地下所有的權柄都賜給我了。(馬太福音 28:18)

雖然如此，但耶穌要令世人歸心，**仍有好一段距離**，所以他向門徒發出命令，**要把「復活」的事傳遍世界**。

【福音】

耶穌雖取得了神權，但要別人接受，就要知道「復活」的事，所以他派門徒去宣告這消息(21)，**這消息在宗教學上稱為「福音(Gospel)」。**

福音的重點是「復活」，**因為唯有創世神掌握生死之權，所以耶穌既復活了，他「自稱為王」的宣告就是得到了神認同。**正因為復活是如此關鍵，所以耶穌要公告此事。

不過，若是人仍要拒絕，**耶穌就不會再容情。**或許我們以為耶穌很「慈悲」，這其實是一種片面的誤解，事實上他為世人死，無非是想討好創世神，同樣他今次為王，**也是討好創世神而已。**

正因如此，人若不肯歸順，**耶穌也會因為他們使神不悅，而產生負面觀感**，結果那人就會被詛咒，最後靈魂被扯進地獄。

【國度】

由於耶穌取得了神權，所以無論他想不想，**觀感都會影響天地**：他喜歡的東西就會得滋養，他討厭的東西就會滅亡，因此萬物都無可避免地籠罩在「順耶穌者生，逆耶穌者死」的命運之下。

耶穌的觀感會把萬物二分，凡是「他認可的」才能存活，**因此宇宙就會築起一個以「他的認可」為界的範圍**，這範圍內的會永存不朽的，**它就稱為「國度（The Kingdom）」**。

國度受到祂的神權祝福，會興旺，相反界外的都會招惹天地排斥，**導致滅亡**。由於國度範圍內凡事都會順利，**不用再「靠自己」**，他們的執念就會放輕，**所以不會再受邪靈操控**。邪靈的勢力既被侵蝕，**就一直千方百計阻止國度拓展**。

正是如此，**就展開了國度與邪靈之間近二千年的神魔之戰**。

第、拾伍

> 「死亡的歷史會復活，過去的歷史會變成現在，這都是由於生命的發展要求它們的緣故。」—克羅齊(Benedetto Croce)(1)

從耶穌復活至今，已經有二千年，期間他的國度一直拓展，可是仍然有大片未得之地，大批未得之民，為甚麼呢？因為邪靈一直負隅頑抗。在看不見的靈界中，神魔之戰天天上演，人間界就成了他們撕殺的戰場。

【承讀】

耶穌臻神後，就呼籲世人歸順自己，但人類一向都是邪靈興奮感的來源，要是他們不再受支配的話，邪靈就會失去生存的動力，**所以他們務要阻止國度拓展。**

但耶穌已經成了神，意志支配著物質界運作，誰能阻止國度拓展呢？所謂「上有政策、下有對策」，邪靈雖無法阻止國度拓展的大方向，**但還是可以把事情無限期拖延的。**

怎樣拖延呢？因為對創世神來說，時空不是按時間推進，**而是按劇情推進的。**就好比打機，作者雖安排了一套「通關劇情」，但玩家若是無法克服敵人，就始終無法破關，只會不斷「續版（**Continue**）」，

永續遊戲。同樣，人類若是一直達不到創世神的要求，**時間就會不斷延長**，永無止境。

現在，國度要湊夠足夠的人數，才能推進下一步劇情，所以只要邪靈使人類永遠都不歸順耶穌，國度一直不夠人，**時空就會被卡死，世界就會永續下去**，邪靈就可以繼續無法無天。

問題是，耶穌復活後，門徒正自心裏火熱，要把福音燒遍世界，邪靈如何阻止他們呢？

【開戰】

那時是公元一世紀，耶穌復活後，就叫門徒去拓展天國，只要完成任務，**他就會重臨大地**，說完就徑自升天了(2)。門徒就照他的意思辦，**把復活的事傳遍四方**，呼籲大家歸順他。

由於「復活」的事人證物證俱在，馬上就有三千個跟隨者加入(3)，人數還在不斷增加。正因為這麼多人，「羅馬政府」和「猶太宗教局」就害怕，**於是出兵鎮壓，搜捕、監禁、殺害他們**。門徒唯有建立起自己的組織，讓大家不時躲進去「療傷、加力、補給、受激勵、然後再上路」，**這個組織就稱為「教會(Church)」**。

教會最強大之處，是他們背負著「耶穌的名」，**受著超自然的祝福，**所以雖然被捕，卻無法團滅。這種因背負「耶穌的名」所受的保護，靈魂學上稱為「**遮蓋(Cover)**」(4)。

遮蓋不是為了門徒而設的，**而是為了讓旁人尊敬耶穌而設**，所以即使教會再敗壞，是非再多，男女關係再混亂都好，神都會看在耶穌的名聲份上，**不會讓他們死得太難看。**初期教會靠著「遮蓋之力」，一直屹立不倒，與其他歷史上曇花一現的宗教不同。

然而，「遮蓋之力」並非永遠不會消失，**關鍵就在於「被保護者」會不會動搖。**比如當日以色列人雖是「神的子民」，但因為不能吃苦，就埋怨自己為何要跟隨神(5)，**叫世人對天國失去信心，**於是天國只好撤去保護，以免他們任意埋怨。

正因如此，邪靈只要狠狠地折磨門徒，**令他們埋怨，**天國就會撤去對他們的「遮蓋」，這樣消滅他們就易如反掌了。**於是，邪靈就對門徒發動總攻擊。**

【逼害】

但邪靈真的能動搖門徒嗎？他們可不是一般嘍囉，而是「**使徒(Apostle)**」。所謂「使徒」，是指「跟過耶穌的人」，他們包括「十二門徒」，計有老大「彼得(Apostle Peter)」、他的兄弟「安得烈(Apostle Andrew)」、西庇太的兒子「雅各

(Apostle James，son of Zebedee)」、和「約翰(Apostle John)」、
「腓力(Apostle Philip)」、「拿但業(Apostle Nathanael)」、「多
馬(Apostle Thomas)」、稅吏「馬太(Apostle Matthew)」、亞勒腓
的兒子「雅各(Apostle James，son of Alphaeus)」、「達太(Apostle
Jude)」、「奮銳黨的西門(Apostle Simon the Zealot)」、和取代猶
大的「馬提亞(Apostle Matthias)」等等，他們都是堅毅的強者 (6)。

由於使徒與耶穌經歷過生死，體驗過他的神蹟，肯定了他的超然，
意志不是一般的強，所以邪靈微絲細雨的誘惑，根本無法動搖他們，
那麼邪靈唯有發動「強攻」。

怎樣強攻呢？當時教會在「遮蓋之力」加持下，已經由原先的幾千
人，發展至羅馬境內遍地開花，觸動了羅馬皇帝的神經，**覺得他們
是一股威脅**，最後就忍不住出手消滅，這段歷史稱為「**逼害
(Persecution)**」。

> 從這日起，耶路撒冷的教會
> 大遭逼迫。除了使徒以外，
> 門徒部分散在猶太和撒馬
> 利亞各處。(使徒行傳 8:1)

由公元二世紀至四世紀，**羅馬皇帝都一直
用「非法化、搜捕、下監、處刑」等手法
逼害門徒**，其中皇帝尼祿(Nero)捉拿門徒後，
會逼他們穿上獸皮，使看來像野獸一樣，
然後放出一群獵犬咬死他們；此外，他又把信徒與乾草捆在一起，
排列在花園中，到入夜時燃燒，以照亮園游會(7)。

這段恐怖時期維持了二百多年，卻無阻天國發展，**因為天國的核心
價值是「死後」**，門徒越受逼害，就自覺死後越得到賞賜。許多不

冷不熱的旁觀者，見他們真的不要命，都相信起天國來，所以說「殉道者的血是教會的種子」(8)。

【猶太】

邪 靈強攻不成，就用軟攻，**他們選擇了利用「猶太人(Jew)」來進行第二波攻勢。**「猶太人」即是以色列人，他們在公元前 586 年亡國後(9)，國土輾轉歸入了羅馬帝國之下，成為了「猶太省」，**於是以色列人就稱為「猶太人」。**

猶太人寄人籬下，成了二等公民，他們的自尊心只好投放在自己「神的選民」身份上，**於是就變得極端「民族主義(Nationalism)」，**他們看見「無分種族」的耶穌廣受歡迎，就無明火起，**最後忍不住把他殺掉。**

猶太人既然憎恨耶穌，自然把他復活看成妖言惑眾，然而此事有太多證人(10)。**門徒對此作出了強而有力的反駁，**他們在「馬太福音(The Gospel of Matthew)」、「希伯來書(Hebrews，ΠΡΟΣ ΕΒΡΑΙΟΥΣ)」，及《駁克里索(Against Celsus)》等一一陳列有關證據，使不少猶太人歸順了耶穌。

然而他們的歸順才是問題。**由於他們心底仍未放下「猶大人的驕傲」，藐視「其他歸順的外族人」。**他們認為這些人沒有信仰上的造藝，又沒有操練禁食，不認識猶太人歷史，怎能被神接納呢？

這造成了當時很大的困擾。事實上，他們的話對不對，**全在乎耶穌在創世神心裏多重要**，如果很重要，創世神的確能無視那人的質素，只在乎他與耶穌的關係，去包容接納，否則猶太人的說法也不無道理。

這爭議在公元 49 年的「耶路撒冷會議」才有了定論，當時使徒確認：創世神已經把對「人類」的好感，全部投放在耶穌一個人身上，其他人的價值，**全在乎他與耶穌的關係**，個人質素已經無關重要。這結論後來寫在《使徒行傳(The Acts)》和《加拉太書(Galatians)》中(11)，**成為公論。**

由於使徒的靈性很強，**他們對耶穌的教導理解得透徹**，所以這些衝突反而激發出不少有價值的結論，**成為後世斷定是非的根基。**

【聖經】

那時，使徒要面對許多困難，偶有無法處理的，都會學耶穌那樣去求問神。創世神見他們肯求教，**就讓他們悟出答案來**，他們把答案編著成集，**就成了「聖經(The Bible)」。**

事實上，任何人向神求教，祂都會回答，**這是因為祂希望人沿著知識之路找到祂。**祂這個想法，**使物質界存放著各樣知識的線索**，人尋求真理時，都可以從這些線索聯繫到「神的意識（Holy Spirit）」，領悟到答案。這個求真過程，宗教學上稱為「**默示(Inspiration)**」(12)。

從公元 30 至 90 年間，**創世神都對門徒默示不斷**，包括「神學教義、世界歷史、事情解釋、日常應用、末日預言」等等。使徒把它們記錄下來，編輯成二十七卷書，**稱為「新約聖經(The New Testament)」**。

新約聖經的集成，**其實是使徒信任創世神的結果**。事實上，他們若懷著不軌的動機求問，只會一無所獲。但他們心裏誠實，道理就漸漸浮現出來，讓人能分辨是非。

然而，當人私心作祟，**把聖經用在私心權鬥上**，問題就出來了。

【教義】

聖經的出現，是為了應付邪靈的攻擊。**那時邪靈一直用各種「異端(Heresy)」衝擊門徒**，包括「嗣子論(Adoptionism) (13)、亞流主義(Arianism) (14)、蘇西尼派(Socinianism) (15)、諾斯底主義(Gnosticism) (16)、幻影論(Docetism) (17)、亞波里拿留主義(Apollinarianism) (18)」等等。然而，這些東西都被使徒以「默示」的智慧化解，它們被記錄下來，成為「**聖經**」。

由於聖經是公開的，人們可以用它了結爭端，**方便無比**。但正正因為它太過方便，所以後來人面對爭議時，就過份依賴它，**不再求問那「遠在天邊」的神**，就造成了一個「靠自己」的破口。

當時是公元 100 年，第一代門徒死後，第二代門徒從未見過耶穌，他們的靈感已經大不如前，**感應不到默示**，卻仍要面對眾多問題，只好「**翻聖經**」尋找答案。久而久之，他們為了有效管理，就把答案編輯成一套「標準答案集」，讓大家照跟，這套「標準答案集」就稱為「**教義(Doctrine)**」。

教義看似四平八穩，**其實它的生成並不單純**。一般人以為教義是「聖經的正見」，但我們不妨看真一點，**所謂「教義」推出市場時不過是一種「說法」**，直至與其它說法起了衝突，得出了「勝負」，勝方才成為了教義。舉例，如果 1995 年日本的「奧姆真理教(オウム真理教)」剷除了世上所有異己，控制了史冊和媒體，那麼今天反對它的人一樣會成為「異端」，所以「教義」的生成，**本來就是一件很實際的事**。

事實上，歷史上的「教義」，**都是靠很實際的手段掙回來的**。比如十六世紀的「宗教改革」，**就是一場資源戰**。當時的記錄這樣說：

「由於馬丁路德依靠國家力量來爭取宗教改革，一面倒向國家的論點影響到教會與國家之間的關係，在許多歐洲國家中政治統治者利用馬丁路德的改革理論，擴張政府之權勢進而宣揚國家至上的主義，甚至對宗教有逼害的行為……

*在馬丁路德的理論支持下，國家士氣大振，問題是馬丁路德自己是教士，為何反而不支持教會而支持國家呢？下面兩點可以解釋。第一，馬丁路德是宗教改革者，他先對教會起了強烈不滿，**要改變教***

會非得借政府之力，所以不得不以理論支持國家換取國家對他的支持……

由上面的分析，我們發現馬丁路德對國家政府採保守的觀點，對教會尤其是教宗則採激進觀點，如果了解馬丁路德的用心就可以了解他的做法，他是寄望借政府之力來達到改革教會之目的。」(19)

正因如此，「教義」之所以能成為教義，不是因為他們的理論有多高超，**而是因為他們「控制了史冊」**，說法才能成為「教義」的。

【入侵】

正因為教義之爭是如此殘酷，敗者會永不翻身，**所以教會就養**成了一股「非贏不可」的執念，他們害怕被「其他說法」奪去正統之位，就變得不擇手段，**然而這卻成了**邪靈入侵他們的罩門之處。

平心而論，教會之所以「非**贏**不可」，不全是為了權力，**而是因為他們曾被羅馬政府逼害了足足二百年**，目睹過許多親友被殺，才對「**贏**」如此執著。然而，**他們未有好好處理這段傷痛**，以致艱難歲月過後，仍然害怕一旦「輸」的慘況。

這份恐懼，**使他們渴望輿論支持**，所以每當面對異見時，都不肯據理討論，只會用「教義」的權威來淹殺他們。漸漸地，教義就成了他們的救生圈，**他們「依靠神」的心就消失了。**

由於他們的安全感建立在「教義」之上，久而久之，只要邪靈一用異端攻擊他們，他們就會好像「受約制的狗」一樣，忍不住祭出教義來應對，**他們對教義的依賴就到了高峰**。相對地，他們不再依靠神。比如教義說要「十一奉獻」，即使神說只需「甘心就好」，也不能同意祂。

由於教會已經沒有好像耶穌一樣聽從神，天國就不能再保護它，**於是教會的氣運就急轉直下，開始了長達一千年的黑暗期。**

【大公教會】

於教會失去了氣運，**就落入了苦難之中**。公元 295 年，羅馬帝國戴克里先大帝(Diocletian the Great)下令摧毀教堂、沒收經書、逮捕神職人員、強逼向神祇獻祭，違者處死，差點就滅了教會。天國見他們熬不住，**才讓它成為羅馬帝國的國教**(State religion) (20)，好叫他們不致滅絕。

當時是公元 312 年，君士坦丁大帝(Constantine the Great)正在與其他對手爭奪皇位，就在意大利的米爾維安大橋(Milvian)紮營，要與敵人決一死戰。決戰前夜，他夢見了天使指示，要在軍隊盾牌上加裝「十字架」標誌，他依言照辦，最後凱旋歸來，**就信了耶穌**(21)。自此之後，教會就搖身一變成了國家級的機構，稱為「**大公教會(Catholic Church)**」。

那時，**歐洲各地其實有不少零散會堂**，它們一直都各自為政，互不統屬，**現在大公教會挾國家權力統戰他們**，就使不少會堂歸服。教會的力量被聯合起來，影響力就直線上升，然而他們的心已經變質，所以影響力上升不但沒有好處，**反而成了敗壞的源頭。**

當時，大公教會擁抱「教義」，**就把教義的要求加諸百姓頭上**，他們訂定了一套「信耶穌標準模式」，包括「懺悔禮(Penance)」、「聖體(Eucharist)」、「堅振禮(Confirmation)」、「傅油(Anointing the sick)」、「聖秩(Holy order)」等等(22)，要求百姓履行。若不遵守，生前就會被教會逼害，死後就會落地獄。

由於教會擁有實權，加上百姓對教義一無所知，**他們就不惜一切地迎合標準。**於是教義就成了百姓的「神」，**至於「耶穌」是誰，沒有人理了。**

在這條統治鏈之下，邪靈只要不斷催逼教會把「信仰的標準」加諸百姓頭上，百姓就會誠惶誠恐，**於是全國都成為了奴隸。**撒旦在背後，獲得了豐饒的支配感，**力量自然大幅提昇。**他們就有本錢把仇恨傳遍世界。

事實上，不論是「十字軍東征(**The Crusade**)」，或是殘殺十萬女巫的「異端裁判所(**Inquisition**)」，都是教會要擴大勢力的手段。**只要他們能堆砌出一個合乎教義的藉口**，哪怕神叫他們不要做，他們都做得心安理得。

【修道】

大公教會把教義「奉為神」後，就自以為手握生死之權（順教義者生，逆教義者死），心裏妄自尊大起來，對自己仍受制君權之下就心有不甘，**於是忍不住插手政治。**

那時，歐洲大陸實行封建制(**Feudal system**)，法國、意大利、西班牙等長期處於分裂狀態，**貴族諸侯割據一方**，領地沒有統一的司法制度，**宗教就成了它們的「共通語言」**，使大公教會有竊取政治權力的機會。

當時貴族之所以能成為「貴族」，**全靠教皇(Pope)加冕**，因此作為回饋，**貴族都會給予教會在領地內的特權**，包括免稅權、教堂興建權、私兵組織權，和搜捕異教徒權等等。比如在公元 752 年，教皇司提反二世(**Pope Stephen Ⅱ**)就為了獲得權力，批准法蘭西國王「矮子丕平」(**Pepin the short**)廢黜墨洛溫王朝的希爾德里克三世(**Childeric Ⅲ**)，自立為王。作為回報，丕平就把意大利一片土地「奉獻」給教皇，後來還能永久統治，**它就是今日的「梵諦岡(Vatican)」** (23)。

由於教廷盡享權力，使他們越發沉迷於「世俗」的事，聽不見天國的聲音。不過與此同時，**其實在教廷傘下的基層教士**，他們的生活既無憂無慮，又未夠資格弄權，**就騰出了許多空間來做其他事。**

他們會做甚麼事呢？有人會成為高層的走狗，**一起作威作福、魚肉百姓、玩弄女巫**，進行姦淫和變童的事。但也有人**會細聽天國的聲音**，就建立出成熟的靈感。

面對教廷腐化，他們心裏雖然不齒，卻是敢怒而不敢言，**最終就跑到渺無人煙的曠野靈修**，逃避世俗的腐敗，**這種現象稱為「修道(Monasticism)」**(8)。

從十世紀起，就不斷有修道會崛起，例如修女大德蘭 (Teresa of Avila) 創立的「**赤足的卡謨修女會(Orden de los Carmelitas Descalzos)**」，她在著作《內心的堡壘》(El Castillo Interior) 中，記載了與靈界同步的「**默觀法(Contemplation)**」。此外，還有「方濟會(Ordine francescano)」、「道明會(Ordo Dominicanorum)」、「聖母忠僕會(Servite Order)」、和「奧古斯丁團(Augustinian order)」等等(25)。

當時修會眾多，它們日夜閉關，**就出現了許多靈感強大的修士**。他們對教廷的腐敗有深刻的體會，**然而始終未敢與教廷對抗**，只能把意志寄託在「賙濟平民」、「編寫著作」、和「教授門徒」當中，希望有朝一天，**會出現一個反抗教廷的英雄**。

【革命】

中世紀教權滔天，修會對教廷腐敗敢怒而不敢言，只能隱居清修。隨著時間流逝，**修士漸漸與神的意志同步**，就對教廷越來越不滿，最終有修士忍不住仗義執言，指責他們腐敗，**這人就是「奧古斯丁團」的馬丁路德(Martin Luther)** (26)。

馬丁路德之所以忍不住出聲，**是因為教廷要承包「救贖權」**。當時教廷為了籌募軍費進行「十字軍東征」，**就發行了名為「贖罪券(Indulgence)」的天堂認購證**(27)，只要人買了的「贖罪券」，就保證他能上天堂。

然而這是一場騙局，因為所謂「救贖」，**本來就是「神對某人的正面觀感」**形成，只要祂看某人為「好」，天地就會使他無論「生前死後」，都會活在「正面的際遇」中，**這種際遇就是救贖，卻不是甚麼「入場券」**。

正因如此，馬丁路德就指責教廷，然而「贖罪券」一早已獲教皇批核，**馬丁路德的舉動無疑在挑戰教皇的權威**。那時教廷拼命壓下馬丁路德，要逼他認罪，但馬丁路德也不甘示弱，援引「聖經」解圍，久而久之，**事態就演變成「教廷 VS 聖經」**。

由於聖經是神諭，所以馬丁路德**越發動搖百姓的心**，就惹得教廷想處死他。然而由於教廷過往多次插手政治，**廣結仇家**，包括被拒絕過離婚申請的英皇亨利八世(Henry VIII) (28)，和被贖罪券搶去大量稅

收的德國政府，**他們就紛紛支持馬丁路德**，還給予他政治庇護，讓他在德國定居下來。

後來，馬丁路德在德國發佈了許多文章，再加上神學家約翰加爾文(John Calvin)、改革家慈運理(Ulrich Zwingli)的推動，宗教改革的勢頭越來越烈，英國、德國、和瑞士等國都承認了它，最後建立了一個有別於羅馬教廷的宗教系統：「**新教(Protestant)**」。

【新教】

新教之所以能建立，**無非因為天國要用它來打擊教廷**，在創世神眼中，**最重要的就是耶穌**，現在教廷把「教義」凌駕於耶穌之上，神就容不下他們，**要用新教取而代之。**

那時，新教領略到耶穌的重要性，**所以致力高舉耶穌。**他們向世人指出：人要被神看為「好」（即是得救），唯有歸順耶穌，其他一概都是多餘的，這種取態稱為「因信稱義(Justification by faith)」。

當時新教為了堅持「因信稱義」，與財雄勢大的羅馬教廷對抗。創世神見新教肯認同耶穌的地位，就保護他們，**使支持他們的英國和德國（德意志）強盛起來。**由於新教輕看諸般行為，包括守禮拜、奉獻、和諸多聖禮等等，**所以當地人就多了許多閒暇去發展其他事**，以致英國和德國的國力急速上升。

正是如此，新教國家的生產力就被釋放出來，以致在知識、文化、軍事方面都達到了前所未有的水平，**開創了歷史上著名的「黃金時代」**。

【黃金時代】

天國為了保護新教，就扶植他們根植的國家，透過把這些國家的「宗教包袱」卸下，使他們的**思想變得更自由**，於是在哲學、科學、醫學等方面急速發展，這股浪潮**稱為「啟蒙運動(Enlightenment)」**(29)。

以往宗教獨大，視其他學術為「浪費時間」，**所以「哲學、科學、醫學」發展一直被鉗制**。現在新教把人釋放出來，就讓他們有關題目再次被研究，使發展一日千里。

文化方面，**英國作家莎士比亞(William Shakespeare)為當世最出色的文學家**，他的劇作「奧賽羅(Othello)」及「羅密歐與茱麗葉(Romeo and Juliet)」，打動廣大群眾的心(30)。此外，英國的科研成就非常卓越，科學家牛頓(Isaac Newton)不但發現了萬有引力(Gravity)，還建構出經典力學原理(Newton's laws of motion)，**它的影響直至今時今日**(31)。

正因科技發展，測量及造船技術大幅提升，**航海事業就能跨洋遠航**。當時，英國致力開發往來印度的航線，做「黃金」和「香料」貿易，使國家富強起來。後來其他國家爭相仿效，開發其他貿易線，**就開創了史上著名的「大航海時代(Age of Discovery)」**。

由於當時英國強盛，新教就被保護，他們的陣腳漸漸站穩，就能專注傳教工作。然而，**邪靈不會讓他們這樣做**，於是就扶植支持天主教的「瑪麗一世(Mary Stuart)」登上蘇格蘭皇位，意欲狙擊新教，但此舉惹宗主國英格蘭不滿，就把瑪麗一世廢去(32)。

由於瑪麗是教廷策封的，所以教皇就頒令要對英國發動「聖戰」，當時他們透過世上最強盛的天主教國家「**西班牙帝國(Imperio Español)**」對付英國。

西班牙是天主教的忠實支持者，他們曾因宗教理由清洗境內不信的「摩爾人(Moors)」。由於他們位處地中海入口，**經年掠得了大量稅收**，所以當時的西班牙海軍為世上最強，號稱「無敵」。由於海上的利益衝突，西班牙早就看英國不順眼，所以就借著教皇下召的機會，誓要剷平英倫三島。

當時，**西班牙派出他們最強的「無敵艦隊(Spanish Armada Invencible)」遠征英國**，總計有 130 艘船，人員三萬，陸軍一萬九千，最後他們在格瑞福蘭(Gravelines)與英軍開戰。雖然英國只有西班牙一半的船隻和軍兵，**但由於風向對他們有利**，可以利用遠程火炮打游擊戰，叫西班牙鞭長莫及，就陸續擊沉了對方的船隻。最後，西班牙意識到他們無法取勝，就揮軍直上北海，準備繞大彎回西班牙，**但途中遇上風暴**，最後竟然全軍覆沒(33)。

由於西班牙大軍被風暴淹沒，所以英國普遍認為獲得了上天眷祐，**使他們更加尊重新教**。其後，英國的國力輾轉壓過了西班牙及其他

國家，成為世界第一帝國，號稱「日不落的大不列顛**(The sun never sets on the Great Britain)**」(34)。

【殖民】

英國成為世界第一大國後，**就到處殖民**，他們把觸手伸至非洲的南非、甘比亞，南美洲的牙買加、巴哈馬、巴貝多，大洋洲的澳大利亞、紐西蘭，亞洲的印度、緬甸、馬來西亞、香港，以及北美洲整個大陸等等。這些地方源源不絕地為英國輸送龐大利益，**使他們越見強盛。**

天國之所以讓英國強盛，**無非是要他們幫助新教**，把「耶穌」傳遍世界。當時新教的傳教士(Preacher)靠著英國人身份，在殖民地上建立教堂，**成功把「耶穌」傳給當地人。**

邪靈當然不會讓他們幹下去，**於是就使其他國家，包括荷蘭、法國、意大利等等，與英國搶奪殖民地。**他們靠著船堅利炮，支配了許多地方，包括越南、柬埔寨、和巴西等等。

大英帝國自然也不是吃素的，**他們兇狠的程度絕不下於誰**，例如惡名昭彰的英屬機構「東印度公司(East India Company)」，不但勒索印度政府，還搶劫他們國庫，強逼對方生產鴉片，再傾銷到其他國家(35)。

由於殖民地是「肥豬肉」，所以列強無所不用其極地爭取他們，**最後連「宗教」都不免成為工具。**

當時，**列強在殖民地傾銷自己的宗教**，因為只要讓當地人接受了，就會視他們為救世主，**這樣就能輕易地支配對方。**當時法國、葡萄牙、和西班牙等天主教國家都以這種手法做文化侵略，**而新教也被英國如此利用。**

然而，**這方面天主教無疑更具優勢，**因為他們會清楚列出人要做哪些「功德」才可上天堂，**能給予人安全感，**所以他們就漸漸地佔據了新興市場。英國眼見新教落後，**就逼使他們追趕。**

新教為了繼續享有政府支持，不得不轉型自己，於是他們就相對於天主教的「功德主義」，**高舉一種名叫「一次得救、永遠得救」的教義，**作為他們的市場定位。

【轉型】

本來，**新教是講「關係」的，**他們雖會傳「耶穌復活」，但**信不信是你心裏的事，別人沒法知道，**也沒有人能定奪你能否上天堂。

然而，正因為新教不保證人上天堂，**人心裏就很不踏實，**相反天主教有眾多「洗禮、聖餐、奉獻、及告解」等等儀式，讓人持續地做，就覺得有安全感，**於是他們在殖民地上就漸漸壓倒新教。**

當時，菲律賓，巴西，東帝汶，澳門，剛果，阿根廷，哥倫比亞，和秘魯等等都成了天主教國家，他們與宗主國多了一層宗教關係，就特別親密。英國有見及此，就焦急起來，**質疑新教未盡全力。**

新教還要靠政府協助，就不得不回應他們，**於是設計出一種名叫「一次得救、永遠得救」的教義**，鼓吹人只要進行一輪數分鐘的心理操作，就算是「決志」了，能「上天堂」(36)。

由於「一次得救、永遠得救」如此爽快，比天主教還方便，**所以就搶回了市場。**不但如此，新教見「一次得救、永遠得救」如此有用，**就在歐洲大陸推行。**當時佈道家芬尼(Charles Finney)舉辦了多個「系統化」的決志聚會(37)，**成功在英國和新大陸招收了數以百萬計**的信徒。

經過這次革新，**新教聲威大振**，影響力漸漸遍佈全球，各個宗派如「聖公會、路德會、長老會、衛理會」遍地開花，大有一統天下之勢。然而在天國看來，**這些只是衰落的開始。**

【自由】

從天國看來，不論「新教」還是「英國」，都是用來傳播「耶穌」的工具，**所以只要有助達成這個目標**，哪怕他們「殘殺印第安人」(38)，或是「畜養黑奴」都好(39)，都能容

忍（祂對耶穌就是如此執著）。但同樣道理，一旦他們無助達成這個目標，**創世神就會毫不猶豫地放棄它們**，所以新教以致英國能否「使人歸順耶穌」，正正是他們的命脈所在。

邪靈了解到這一點，就藉著列強興起，使英國急於競爭，叫新教把工作目標由「使人歸順耶穌」，改為叫人「做決志儀式」，**如此新教就失去了價值。**

在創世神眼中，「決志」遠不是「歸順耶穌」。「歸順耶穌」是一段「關係」，而「決志」只是一個外在儀式，道理就正如「古惑仔」加入黑社會時，要做一個「燒黃紙」的儀式(40)，但即使做了，日後還要真心效忠社團才有意義。同樣，「決志」不是重點，**重點是他會否學像耶穌一樣去「依靠神」**，才是真實的。

當時新教為了拓展市場，就推「一次得救，永遠得救」，**聲稱只要決了志就可以上天堂**，於是教徒就「過橋抽板」，決了志後沒有學耶穌那樣去「依靠神」卻是隨隨便便地活。**由於他們心裏不尊重耶穌**，觸動了創世神的神經，祂**就不再支援新教及英國。**

那時，英國被野心衝昏了頭腦，一直在世界各地殖民，其中他們在北美洲「新大陸」大量殘殺原住民「印第安人」，又把黑人弄到該處做奴隸，**就開發了一塊歐洲大陸那麼大的土地。**由於新大陸物資豐饒，英國本土從那裏獲得了龐大稅收，久而久之就惹來當地僑民不滿。於是他們獨立起來，成立了「美利堅合眾國(**United States of America)**」(41)。

美利堅合眾國（美國）的獨立大大削弱了英國的實力，**嚴重地打擊他們擴張的野心**，然而當時美國的防衛軍力已經成形(42)，英國只能無奈地接受。正因如此，美國就成了世人「追求自由」的象徵，**甚至把這股精神影響到當地的新教**。

當時，新教靠著「決志」策略在歐美建立了豐厚的勢力，使世上充斥「偽信徒」。**他們自詡「必上天堂」，就刻意放浪形骸**，來堅定自己「必上天堂」的自信。這種自我中心的態度，**稱為「自由主義 (Liberalism)」**(43)。

自由主義初期是正面的。當時人們無拘無束地追求人生，有人追求藝術、有人追求文學、也有人追求科技，**就突破了許多學術上的限界**。英國生物學家達爾文(Charles Robert Darwin)提出的「進化論 (Theory of evolution)」，記載於著作《物種起源》裏，奠定了現代生物學物種之間進化的基本理論(44)；英國物理學家馬克士威(James Clerk Maxwell)發明了「電磁學(Electromagnetism)」原理，使世界正式進入「電力」時代(45)；另外英國發明家瓦特(Breda Watt) 把蒸汽機改良成現代化版，使人類不再依靠「人力，畜力，水力和風力」生產，大幅提高生產質素(46)，**自此世界就開創出「工業革命 (Industrial Revolution)」時代**。

工業革命大大提昇了人類的生產素質，許多精密穩定的儀器被製造出來，使科研質量急速上昇。俄羅斯科學家門得列夫(Dmitri Mendeleyev)受惠於新科技，編寫出「元素週期表(Periodic table)」，使人類掌握物質的真正定義，並在這基礎上，建立起當代化學和物理學(47)。

隨著知識增長，當時社會瀰漫著一股的探索風氣，大家都懷著好奇心去重新定義世界，於是開始用全新角度詮釋舊事物，**甚至對傳統進行系列批判。**

【批鬥】

工業革命使儀器的質素大幅提升，人類開始掌握世界真貌，以致物理學、地理學、生物學、哲學都爆發了革命，**人類的「三觀」被嚴重顛覆**，就不得不審視原先的一切，**其中成為了「宗教」就首當其衝的目標。**

那時，人們受到「現代科學」衝擊，覺得它很神奇，於是一切無法用科學解釋的事，都成了批鬥的對象。其中聖經對人類起源的解釋「**創造論 (Creationism)**」，與當時炙手可熱的「**進化論 (Evolutionism)**」互相抵觸，**就被人群起攻之**(48)。

聖經既被攻擊，人們就開始不信新教「死後會怎樣」那一套，為此新教只好力挽狂瀾、百般辯解，然而科學浪潮勢不可擋，許多神職人員在身心俱疲之下，**都反過來奉迎科學主義。**

怎樣奉迎呢？**就是在科學的框架下重新演繹聖經。** 由於聖經記載了許多科學無法解釋的事，包括「把紅海分開」、「降下十災毀滅埃及」、「耶穌由處女所生」、和「死而復活」等等，**所以他們就用「合乎科學的角度」重新演繹這些事**，例如他們把「耶穌由處女所

生」，用考古文的方法，重新解讀成「耶穌由少女所生」。這種的變革路線，**宗教學上稱為**「**自由派(Liberals)**」(49)。

當時自由派在德國崛起。由於德國哲學界一直人才輩出，包括康德(**I.Kant，1724-1804**)、黑格爾(**G .W.F Hegel，1770-1831**)、叔本華(**Arthur Schopenhauer，1788-1860**)、馬克思(**Karl Marx，1818-1883**)、尼采(**F.W. Nietzsche，1844-1900**)等等，所以新教也率先在那裏被哲理化。德國神學家士來馬赫(**F.D.E. Schleiermacher**)、立敕爾(**Albrecht Ritschl**) 、和哈那克(**Adolf von Harnack**)首先提出自由派神學，**主張把新教的超自然性質剷平**，他們把「神蹟」視為民智未開之下，對自然現象的誤解。

後來這種思想大行其道。當時學術風氣盛行，許多高等學府都採用自由派的立場，**他們就騎劫了學術上的高地**。在學者的演繹下，「天國」無非一份心靈寄託，「創世神」無非一個理想形象，不但如此，當時德國學者還開始搜羅素材，**要把耶穌從「超自然的地位」拉下來，成為一個「平凡的歷史人物」**，這些人包括「非洲之父」史懷哲(**Albert Schweitzer**)、馬爾堡大學教授布特曼(**Rudolf Bultmann**)、和杜平根大學教授祈士曼(**Ernst Käsemann**)等等(50)。

由於人類要貶低耶穌的地位，**於是創世神就對世界進行一次最嚴厲的肅清**。

【世界大戰】

本來，**新教是在德國興起**，那時德國修士馬丁路德對教廷發起挑戰，才開創了「新教時代」。只是後來英國人承接了這股氣勢，協助新教發展，就使他們獲得了天國青睞，**成為世界霸主**。德國人眼見英國坐大，**就亟欲重振聲威**。

正因如此，德國人就另闢蹊徑，以「**學術性**」掛帥。他們在哲學方面一直人才輩出，從康德、費希特(**J.G. Fichte**)、謝林(**Schelling**)、費爾巴哈(**L.A. Feuerbach**)、黑格爾、叔本華、馬克思、以致尼采等等，都是世界級的大師。由於他們在學術上取回了尊嚴，就一直致力把新教「學術化」，**希望奪回英國人手上的「新教代理權」**。

邪靈看出了德國人的欲望，**就藉著他們向世界傾銷「學術主義」**，使聖經成為「喻言」，使天國成為「理想」，使耶穌成為一個「啟智導師」。由於世上再沒有「超自然」，人類就成了時空中的偶然，**他們可以縱慾**，邪靈就能抓住這股欲望來支配他們。

那時，歐洲人開始相信耶穌只是個歷史人物，已經不再特別尊敬他，甚至連新教也是如此，所以創世神就決定對世界進行一次徹底的肅清，**它就是「世界大戰(World War)」**。

世界大戰的發生，**原於人類過度發展科技**。那時工業革命使生產力大幅提昇，但產品被製造出來，卻因為各國的保護政策，**沒有足夠市場外銷**，於是各國間就蘊釀著一股「擴張」的欲望(51)。

現世篇

其中，由於德國人沒有參與早期的殖民活動，他們的海外市場特別少，就率先採取行動，侵略鄰近的法國、意大利、以致俄羅斯等；又聯合奧地利、匈牙利和土耳其等國，**強奪了歐洲大量土地。**

後來，歐洲各國向德國發動了反擊，包括英國、法國、以致羅馬尼亞等等，使德國雙拳難敵四手，**最終宣佈投降。**這場戰爭經歷了近四年（1914 年至 1918 年），**是為「第一次世界大戰」**(52)。

由於「第一次世界大戰」中使用了大量「後工業革命」的武器，包括坦克車(Tank)、轟炸機(Bombardment aircraft)、手榴彈(Grenade)、機關槍(Machine gun)等等，**使各國傷亡慘重**，總計死傷人數三千萬。正因如此，各國就把賠償的責任加諸德國身上，使他們承受巨大壓力，**最後埋下復仇的種子。**

德國深感被各國「欺侮」，國內就蘊釀出一股仇外的情緒。**當時野心家希特勒(Adolf Hitler)抓住它**，高舉極端民族「納粹主義(Nazism)」，主張日耳曼人是「高機動性、高度理性」的優等人種，之所以會落敗，是因為他們被迷信的「猶太人」和「新教徒」混滲所致(53)。正因如此，**猶太人和新教徒就被他們逼害**，當中的專家學者紛紛逃往未受戰火波及的美國，**其中包括猶太裔物理學家愛因斯坦(Albert Einstein)在內。**

那時，納粹德國決心收復失地，就聯同意大利和日本再次發動侵略，波蘭、法國、比利時、荷蘭、和盧森堡等等相繼失陷。由於德國的「閃電戰(Lighting War)」策略運用得宜(54)，**他們轉眼間就攻陷了大半個歐洲**，使英國和蘇聯都捲入戰事。

由於這些國家都擁有海外殖民地，加上日本加入，**使戰情牽涉到整個世界**。當時日本在東亞地區進行大屠殺，包括中國、印度、韓國、越南、泰國等等，強徵女性充當「慰安婦」，又捉拿平民進行人體實驗(55)，**使各國死傷不計其數**。

然而，被勝利充昏頭腦的日本，襲擊了當時擁有世上最強軍力的美國，惹得他們加入戰爭。美國靠著物理學家愛因斯坦所研製的新型武器「原子彈**(Atomic bomb)**」，接連掃平廣島、長崎兩地(56)，迅速使日本投降，加上德國在歐洲戰線的接連失利，**就結束了歷時六年（1939 年至 1945 年）的「第二次世界大戰」**。

經過兩次世界大戰後，人類社會元氣大傷，人心遭受了前所未有的傷害，就無法再驕傲起來，**於是為「超自然救贖」保留了一絲空間**。

【多元】

世神之所以要叫「世界大戰」爆發，**無非是要打擊人的驕傲**，好使他們明白到若沒有「超自然力量」約制，人類的科技無止境地發展下去，**只有死路一條**。

當時，人們前仆後繼地研發新科技、新武器，以為能自主命運，卻把耶穌拋諸腦後。**於是創世神只好就讓他們「盡情發揮」**，使全個地球都捲入戰火之中，造成死傷無數，**除了「美國」之外**。

創世神為什麼會讓美國倖免於難呢？**無非是要保存一點血脈**。這是甚麼呢？話說「美國」本是由一批英國新教徒在十七世紀遠赴當地建立的，當時英女皇「伊利沙伯一世」為了規管新教，要求所有「教理」都需由國營機構「聖公會」制定，新教徒認為這干犯了人的信仰自由，**就流亡海外**，最終他們在新大陸定居下來，**成立了「美利堅合眾國」**(57)。

它之所以是一個「合眾國」，是因為他們只有「追求天國」的信念是共通的，**對教理的理解卻甚分歧**：有的「追求真理」，有的「追求大愛」，有的更是「享受至上」，所以他們所組成的國家，**就要「多元共融」**，於是美利堅就是一個「合眾國」。

美國的「多元精神(Multiculturalism)」，**本來並不為創世神所特別欣賞**（祂只在乎「耶穌」而已），所以十七世紀時致力協助新教拓展的「英國」，才是祂那杯茶。唯後來英國被霸權主義衝昏頭腦，**祂才改為培育「美國」而已。**

後來「科學主義」席捲全球，唯有美國的「多元」，**才能保護「超自然」信仰**。正因如此，**美國才沒有被世界大戰波及。**

【靈恩】

由於歐洲被嚴重摧殘，天國若要在大地留根，就要扶植美國境內的「超自然信仰」。**於是天國就運用「超自然力量」，幫助他們取得世人的心。**這段超自然力量橫行的時期，**稱**

為「**靈恩運動(Charismatic Movement)**」(58)。

靈恩運動始於 1901 年。當時洛杉磯的阿蘇薩街(**Azusa Street**)發生大地震，地震過後就有不斷有人被神的意識(Holy Spirit，或譯「聖靈」)憑依，他們一邊傳道，**一邊運用「醫病、驅魔、發預言、使癱子行走」**等超能力。由於現象太過神奇，**以致世界各地有許多人慕名而來**，甚至被他們的能力感染 (59)。當時這種現象持續了數十年之久，**使數以百萬計的人接觸天國**，許多美國人歸順耶穌，甚至比英國還多。

正因如此，**天國就讓美國強大起來**，使他們在軍事、經濟、民生、和學術上，都取得了世界首屈一指的地位。相反，英國在兩次大戰中被損耗，**就被取而代之**。然而，正因為美國如此富強，它的宗教業務就成了炙手可熱的生意，使各個派系爭相要成為代言人，**就出現了激烈的宗派之爭**。

【宗派】

由於天國在美利堅急速發展起來，邪靈若任由它持續下去，**會威脅到他們的生存空間**。於是邪靈就利用美利堅的「多元性」，來激發新教內部的「派系鬥爭」。

那時美國富強起來，他們本土內的「新教領導權」就價值連城，引來各派爭奪。其中，二十世紀初的「靈恩派(Charismatic)」掌握先機，

135

他們靠著「超能力」招聚到大批信眾，**成為了當時最大的派系**，包括錫安教會(Christian Catholic Church in Zion)和神召會(The Assemblies of God)等，擁有百萬計的人。透過舉辦多次「神蹟醫治大會」，他們使「癱子站起來、盲人開眼」，**建立了龐大的勢力**(60)。

然而，**由於他們過份追捧教祖的能力**，包括錫安教會的約翰杜威(John Alexander Dowie)和「五旬節運動之父」查理巴罕(Charles Fox Parham)等等，以致他們自我神化，**就惹來了許多「權鬥、貪污、色情」的問題**，許多人心灰意冷，就離開了靈恩派(61)。

正因如此，有人起來指責靈恩派怪力亂神，**指出他們的超能力根本是「來自撒旦」**，呼籲人們離開。相反，應該鎖定信仰最基本的「傳播耶穌」之理，**這種派系稱為「福音派(Evangelic)」**。

福音派其實只是基本信仰，本來吸引力不大，**只是當時有許多靈恩派的人受傷**，在反動心態下，就轉到福音派。正因如此，縱然福音派撈到很多人，也是暫時的，他們要守住江山，**就要求變**。

於是他們向「現代市場學」取經，找來了高大英俊的講員明星，**包括著名的佈道家葛培理(Billy Graham)** (62)。透過營銷手法，讓講員在電視、電台、和大型佈道會中被推銷，成功塑造成魅力四射的台柱，就捕捉了大批支持者。

正因為「現代市場學」如此有效，福音派就乘勝追擊，利用各種方法增加自己出鏡率。**他們透過舉辦公益活動**，包括興建學校、舉辦興趣班、義務社會工作等等，取得曝光率，其中基督教青年會

(YMCA)、救世軍(Salvation Army)、及宣道會(Christian and Missionary Alliance)都搞得相當成功。

雖然福音派搞得有聲有色，但美國社會始終是多元的，他們無法好像中世紀一樣唯我獨尊，以致當時「群雄並起」，不但有東山再起的「靈恩派」、德國而來的「自由派（學術派）」、英國的國教「聖公會」，還有羅馬的「天主教」和俄羅斯的「東正教(Orthodox Church)」等等，甚至再細分下去，還有浸信會(Baptist)、信義會(Lutheranism)、宣道會、神召會、五旬節會(Pentecostal church)，和其後分裂出來的「耶和華見證人(Jehovah's Witnesses)」、「耶穌基督後期聖徒教會(Latter-day Saints)」、和「耶穌研討會(Jesus Seminar)」等等，宛然就是一個「武林」。

由於新教派系各位其主，只顧自家業務，他們為了生存，熱衷搶奪別人門生，結果整個新教的「餅」無法造大。這種現象，使新教在大世界的影響力持續不振，慘被「社會」壓逼，不得不戴著「公益機構」的面具做人，慢慢就變得「服務為本」。

正因新教披上了這種角色，他們需要符合現代社會品質要求，以致心力都消耗在「統籌、開會、和宣傳」裏，來乞討參與人數活動的參與者就成了貴客，他們只懂批評而不落手做事，使得新教毫無影響力。

至此，邪靈已成功利用美國的「多元性」，來使新教互耗，最後彼此仇視。正是如此，邪靈只要把這種「多元性」傾銷世界，就能叫全世界都如此失敗。

【傳染】

對於創世神來說，「**多元性**」**本來就不可取**，因為祂已經確認了「耶穌」是唯一的主角，再「**多元**」**下去都是浪費時間**。只是美國的「多元社會」裏恰巧保留著一些義人，天國為了保護他們，才姑且讓美國強大起來罷了。

然而，邪靈利用美國的「多元性」，**使新教內部鬥爭不休**，國度發展就停滯不前。這種策略之成功，**使得邪靈想把美國的「多元價值」傾銷世界**，讓世界同樣紛亂，**因此邪靈就協助美國崛起**，去推銷他們的多元文化。

但邪靈怎樣使美國強大起來呢？由於美國奉行「多元價值」，任何人荒誕不經的夢想，哪怕是「事業王國」、「不世科技」，甚至是「酒池肉林」都好，都能在這裏追尋，**就吸引了眾多人才**，包括世紀科學家愛因斯坦、天才發明家尼古拉特斯拉(**Nikola Tesla**)、啟發大師卡內基(**Andrew Carnegie**)、新聞鉅子普立茲(**Joseph Pulitzer**)、和後來的「谷歌」創辦人謝爾蓋布林(**Sergey Mikhaylovich Brin**)等等。美國人才濟濟，他們在經濟、科技、軍事、學術、以致體育都領先各國，**就成了二十世紀的霸主**。

美國的強大源自「聯合」，它為了進一步強化自己，**就希望與全世界都聯合起來**。就此。他們對其他國家威逼利誘，要他們同樣「高度開放、高度自由、高度多元」。要是對方肯就範，就能獲得資助和貿易機會，要是對方拒絕，就會被他們「批鬥、經濟制裁、資源封鎖、甚至襲擊」，其中蘇聯、中國、古巴、越南、伊拉克、利比

亞、朝鮮等等，都因為不肯開放國家，受到美國或明或暗的攻擊，**他們稱這種行為做「解放(Liberation)」**。

由於各國飽受壓力，加上「美國精神」確實能滿足人私欲，**所以全球漸漸被同化**。由歐洲開始、以致東南亞、澳洲、印度，及後來的中東，和今時今日的中國等等，**都慢慢被多元主義侵蝕**。透過「聯合國(United Nations)」、「歐盟(European Union)」、「世界貿易組織(World Trade Organization，WTO)」、「北約(North Atlantic Treaty Organization)」等，各國漸漸成為一體，**使「多元主義」支配世界**。

由於世界高舉「多元主義」，人們就心安理得地擁抱「金錢、自由、色情、毒品、網絡遊戲、以騙 Like」等樂趣，**讓世界成了一個遊樂場**。人們為了取得成就感，輕率地提出各種主張，在網絡世界極速感染，使世界變得人言人殊，**成了一個「價值觀的大迷宮」**，多數人一世都被困住其中，判斷不了誰是誰非，就選擇紙醉金迷，無法接觸天國。

至此，**天國就徹底被困死在「多元價值」裏**，人們在各種說法中打滾、迷失，直到死亡。他們從未過接觸天國，不覺得自己需要依靠神，死後就墮入地獄中，**最後世界就成了地獄的「牲口預備場」**。

139

【真相】

在歷世歷代中，**邪靈的勢力彷彿越來越大**，他們不斷控制「大公教會」、「大英帝國」、「美帝」、以致「普世價值」；相反天國就節節敗退，影響力越來越少，**但其實這些都是假象**。因為創世神所記掛的，根本不是這些「勢力」，而是在歷史片段中，零零散散地出現，**堅持站在天國一方的「義人」**。

事實上，**天國從不在乎勢力**，因為耶穌是神，他既已定意要國度重臨，物質界就必會為這意志服務，然而天國還有一樣東西無法「變出來」，**就是「義人」**。這些義人必需親自歷煉、成長，通過人生考驗，還定意歸順耶穌的，**才能成為國度的人**。

邪靈之所以做這麼多事，**無非是要使「義人」無法生成**。他們致力建構出不利「義人」生成的環境，無論是權欲薰心的「中世紀時代」，雄心萬丈的「英國時代」，還是自由多元的「美帝時代」，**都是要引誘人去追逐「短暫的樂趣」**，忽略永恆國度。因為只要「義人」無法被煉成，**時空進程就會被「卡死」**，國度無法形成，邪靈就能永續他們的樂園。 相反，天國卻極欲「義人」出現，因為只要數目湊夠，「國度重臨大地」的計劃就會啟動，**歷史就會直入末世**。

> 有名錄在天上諸長子之會所共聚的總會，有審判眾人的神和被成全之義人的靈魂。**(希伯來書 12:23)**

正因如此，天國在各個時代中，都不是要對付大環境，**而是要個別地扶植每個有潛質的「義人」**，在人生中陪伴他們、一起經歷試煉，

一起成長、在迷惑時啟發、在困難時加力，使他們定意歸順耶穌。他們可能只是社會中的小人物，在新聞史策中寂寂無名，但他們的事一直記錄在天國中，比任何世界大事都重要。

當每一個這樣的義人被煉成，天國的成員數目都會加一，那麼「國度重臨大地」的計劃就會踏前一步。只要等到某天，**他們的數目足夠了**，歷史就會直入末世，**這些義人就會一同復活**，然後與一同反攻世界。

年期	時期	義人	敗壞點
1-400	逼害時代	至死忠心	崇拜教義
400-800	國教時代	堅持自潔	攬權腐敗
1500-1700	新教時代	順應時勢	沉迷拓展
1700-1800	英國時代	和平崛起	野心霸權
1800-1900	學術時代	接受超自然	摒棄超自然
1900-now	美國時代	堅守使命	多元價值

第、拾陸

「我將這些事告訴你們，是要叫你們在我裏面有平安。在世上你們有苦難，但你們可以放心，我已經勝了世界。」—耶穌基督 (Jesus Christ)(1)

在漫長的歷史裏，不斷出現至死忠心的義人，等他們的數目湊夠了，「世界」這個訓練場就再無作用，到時創世神就會毀滅它，然後歷史直入它的最終章。

(以下涉及未來的事件，乃由各世界各地的靈能力者、宗教人仕、及預言能力者，引證宗教文獻、學者著作、各派秘傳，以及作者自己親身默觀，歷經數年時間搜集，最後經過邏輯分析而得。)

【共濟會】

邪靈為了壓制天國，**一直煽惑各種勢力為他服務**，包括「羅馬帝國」、「大公教會」、「大英帝國」、「德國學者」、以及「美利堅合眾國」等等。

問題是：如果邪靈只是靠「人性的弱點」煽惑他們的話，是無法精準控制的，**所以邪靈就要建立一個地上組織，去執行他們的指示，以完全禁制天國發展，這個組織就稱為「共濟會(Freemason)」**(2)。

共濟會是世上最強大的組織，沒有之一。任何國家都無法與之比肩，任何機構都無法與之相提並論，**它背後由撒旦國的超自然力量支持，**能透視任何人的弱點，他握有世上一切元首、企業財閥、或是勢力人士的把柄，可能是「醜聞」、可能是「親屬安危」、可能是「性命」、甚至是「人性裏任何齷齪之處」等，以致這些人魔下的軍隊、政治力、金融體系、甚至傳媒，都無一不在共濟會的支配之下。

正因如此，**共濟會力足建構一個「共濟會不存在」的表世界**，讓人以為世界背後沒有操控，真相卻是他們一直躲在背後，**積極地建立邪靈的理想世界。**

正因為他們建立了一個「表世界」，所以共濟會在普羅大眾眼中一向都仿如「都市傳說」，它只在歷史中閃爍出現。然而，唯有兩類人能深入認識它：**一種是靈界的能力者，**包括義人、靈媒、修行者、超能力者等等，他們能從超自然的渠道獲得情報（靈體無一不知共濟會）；**第二種就是共濟會招攬的人。**

歷世歷代以來，**共濟會招攬過許多人。**比如他們在十八世紀，共濟會為了促成世界「學術化」，曾招攬了大批學者，包括瓦特(James Watt，蒸氣機發明者)、富蘭克林(Benjamin Franklin，美國總統、避雷針發明者)、孟德斯鳩(Charles Montesquieu，哲學家)、歌德(Johann Goethe，大文豪)、海頓(Franz Joseph Haydn，音樂家)、伏爾泰(François-Marie Arouet，哲學家)、莫扎特(Mozart，音樂家)、薩德侯爵(Marquis de Sade，性學家)、巴赫(Bach，音樂家)、包斯威爾(James Boswell，大文豪)、伯恩斯(Robert Burns，詩人)、盧梭(Jean-Jacques Rousseau，哲學家)等等[3]。

當時共濟會向這些會員傳授了超世的知識，使他們的學術水平突飛猛進，然而他們卻未必知道這些知識來自邪靈，**因為共濟會從不會暴露自己與「邪靈」的關係**。相反，它是以「博愛、自由、善良，追求個人修為，促進社會發展」掛帥的。

在共濟會裏，唯一知道自己與邪靈交往的，**稱為「33 度」會員**。共濟會的階級稱為「度」，最高級的就是「33 度」(4)。首 32 度會員，只知共濟會建設世界，卻不會知道它們與邪靈的瓜葛，**唯有 33 度會員才知道**。

> 我們要建造一座城和一座塔，塔頂通天，為要傳揚我們的名，免得我們分散在全地上。(創世記 11:4)

共濟會與邪靈的初接觸，**源自上古時代的「巴別塔工程」**。那時地多人少，人們正尋覓適合的居所，力量卻分散了，容易被野獸逐個擊破。於是強者寧錄(Nimrod)就發起了巴別塔工程，想興建一座通天高塔，**使其他人知道要在這裏聚集**(5)。

邪靈見人類這麼積極地「靠自己」，自然樂於幫手，**於是向他們提供建築技術**，使他們懂得使用瀝青和泥漿造磚，塔就慢慢建起來了，然而創世神還是透過「變亂」他們的語言，來打散他們。只是這批接觸過邪靈的工匠，沒有放棄「人類自主」的精神，**就組成了一個「追尋自由的工匠會(Freemason)」**，中文翻譯取其精神，稱為「共濟會」。

自從那時起，共濟會一直向邪靈學習新知，作為回報，**他們就執行邪靈的指示**。比如共濟會就曾按邪靈的意思，製造出許多勾人魂魄

的神像，使民間信仰陸續出現，以抑制天國發展。隨著共濟會與邪靈交往越趨頻繁，學到的技術就越來越高級，不再限於工藝，甚至是文字算術、種植畜牧、自然科學，以致天文地理、科學醫學、工業製造、政治軍事、金融財經、心靈哲學，**各方面最頂級的知識和技巧**，都一一學會。

正因如此，**共濟會的力量越來越強**，就不限於當工匠，而是巫師、醫生、學者、科研專家、跨國財閥、軍政領袖，到控制世界的幕後黑手，只要他們肯聽邪靈的話，**就能獲得無窮無盡的力量**，控制世界每一個角落。

幾乎歷史上每一件大事，都由共濟會引導。從上古時代出現民間信仰起，到埃及、巴比倫、波斯、希臘、和羅馬帝國興盛，以致中世紀教會腐敗、英國稱霸、法國大革命、啟蒙運動、工業革命、第一和第二次世界大戰、以色列復國、美帝橫行、蘇聯解體、到現時互聯網、手機時代等等，**基本上整個人類歷史，共濟會都參與其中。**（關於共濟會在歷史上的作為，內容甚詳，作者會另外著書講述）

共濟會之所以要大費周章，目的就是要引導人類世界不斷「進化」，最後進化成邪靈心中的理想形態：**民主世界**。

【民主】

邪靈之所以要操縱歷史，**是要使世上的「獨裁統治」一再出現**，包括尼布甲尼撒、凱撒大帝、成吉思汗、史達林、希特勒、東條英機、金正恩，以及一眾舞弊營私的貴族、教會、軍閥、財團等等。由於這些獨裁者殺人如麻、奴役百姓、壓榨工人、私相授受，**世人記取了他們的教訓後**，就不再把權力集中在一小撮人身上，**相反會把權力攤分**。因此社會發展下去，最終就會進化成邪靈心目中的理想形態：**民主世界(Democratic World)**。

邪靈之所以要製造「民主世界」，**是因為天國是獨裁的**。天國裏由始至終都是神「說了算」，無論是「立耶穌為王」，進行「人類補完計劃」，以至建立「永恆國度」，或是「用世界煉出義人」都好，都從不與人商量：**以前不會，以後也不會**。事實上，天國的「好」，從不在乎商量，而是神用祂的「愛」，獨裁地使人幸福。

正因如此，**人越是擁抱民主，就越不能接受天國**，這正是邪靈要建立「民主世界」的原因。為此，**他們透過美國去傾銷「多元主義」**，讓世人相信任何國家、民族、團體的劃分都是邪惡，**這種意識稱為「普世價值(Universal value)」**(6)。

隨著時代發展，「普世價值」最終淹沒了全球。那時每種意識形態都能立足，**再無對錯之分（唯一的「錯」就是不接受異見）**，所以人們就切法消除彼此之間的分野，到最後到了一個程度：**要把「性別、種族、甚至身體質素」用科研方法剷平**。

末世時「人」不會再有任何種族、性別、甚至國家之分，全人類都是「世界」的公民，**他們共同營運這地球**，統籌資源運用，分配給每個需要的人，多得的沒有餘，少得的不會缺。這個由全人類一起營運的組織，就是「世界政府」，而世界政府背後的支配者，**正是共濟會**。

那時，**共濟會建立了理想中的「大同世界」**。在全世界統一指揮之下，資源運用效率大大提昇，物資出產豐饒，科技發展迅速，人們遠離災病，百姓不再為生活擔憂。

那時，生活所剩下的意義，**就是「做自己喜歡的事」**：喜歡工作的便工作，喜歡遊歷的便遊歷，喜歡幻想的便進入體感遊戲中，不用再擔心生活問題，人們自由自在地生活，**宛如理想國一般**。

【理想國】

早在六千年前，**共濟會已經矢志要打造理想國**，那時他們還是單純的工匠，只見百姓流離失所，就想把人們團結起來，對抗無情的大地。**然而他們的力量微薄**，無法成功，於是只好眼睜睜地看著世人受苦。

那時，**他們一直見證著世上各種慘劇**，有嬰兒在戰亂中失去父母，有少女被綁架囚禁，有人被擄去做人體實驗，共濟會對這些事深感反胃。對於他們來說，這些事之所以會發生，**無非因為人類不肯團**

結，心裏各懷鬼胎所致。正因如此，**他們要把人類團結起來**，終止這荒唐的命運。

然而要做成這事，單憑他們的力量是不足夠的，**所以只好借助「指導靈（邪靈）」的幫忙**。從巴別塔事件起，他們開始認識指導靈，並從他們身上學習到各樣知識，使自己在人類社會的影響力漸見提昇，**甚至能控制各個財團、軍隊、以至國家**。最終，他們打破了所有種族、性別、文化的界限，把人類團結起來，**建立了末世時的理想國**。

那時，人們能自由地追尋夢想，過想過的生活，**不用再顧慮現實問題**，因為全人類的資源在集中運用下，產量大幅提升，早已超過了人類所需，再加上科技水平發達，工序都交由「人工智能**(Artificial Intelligence，AI)**」去做，人類根本不需要工作。

正是如此，**人們就有空間去追尋自己的夢**。有人要嚐盡珍饈百味，天天與各種美食為伴；有人活得進取，由政府安排服務社會的機會；有些人喜歡冒險，**就進入各個體感遊戲中**，享受自己的幻想世界；**甚至有人喜歡各種虐待、殺害，獵奇的行為**，也能進入虛擬世界中，**盡情地傷害由人工智能扮演的角色**。

雖然那時人擁有幾乎一切自由，但至少有一項規則是要遵守的，**就是要「尊重別人的自由」**，因為你擁有的自由，都是藉由大家互相尊重而得的。只要你做到這一點，就能在社會的庇蔭下，一邊追尋自己的夢，一邊享受資源供應。

【無用】

事實上，共濟會打造的「理想國」與天國幾近相同，都是幻想世界裏過著度身訂造的理想生活。它們之所以如此相近，是因為邪靈原是天使，在天國生活過，**就以此為藍本**，打造地上的「天國」。

然而它與天國再似，始終有一件事是無法複製的，**就是「永生」**。在「理想國」裏，人們活得再開心，科技再發達，人類再長壽都好，**都無法消除「死亡」**，這是因為「物質界」到底是創世神心裏的世界，**人能否活著**，全在乎祂的心情。祂若忍夠了某人，就會把他抹殺，哪怕世界再先進都好，**都無法抵抗死亡**。

然而那時沒有人知道這事，因為理想國要人「尊重別人的價值觀」，**所以「傳播天國」就成了非法**。那時，不單沒有教堂，**更沒有宗教**：既沒有基督教和天主教，也沒有伊斯蘭教和佛教，只剩下個人修習的佛理、哲學、以及聖經等等，儲存在資料庫中，**嚴禁傳播**以免阻礙人類統一。

久而久之，當接觸天國的人越來越少，甚至完全沒有，**這個世界就會在創世神眼中失去價值，最後只好把它毀滅**。

【大災難】

末世時的「理想國」，其實是邪靈的「奴隸養殖場」，他們使人天天沉溺在各種趣味中，養成奇怪的癮癖，最後人們死後，**就會被邪靈利用癮癖操控**，結果成了永遠的奴隸（詳情見上冊「地獄篇」）(7)。

創世神若要扭轉乾坤，**就要摧毀「理想國」**。事實上祂一直都能，但使祂投鼠忌器的，**就是世界上還有零星的義人**，這世界若被摧毀，就會連同這片成長的土地也一併毀掉，**所以神只好一直讓「理想國」胡天胡帝**。

然而當世上就再無一個義人時，神就沒必要再留手，祂就能用最強的災難把「理想國」毀滅。這段歷史上災難最劇烈的時期，稱為「大災難(Tribulation)」(8)。

大災難的性質和以往完全不同。以往的災害再激烈，**都是一些科學解釋到的現象**，比如地震是因為「地殼移動」，火山爆發是因為「地幔溶解」，疫症是因為「病毒感染」等等。但大災難卻源自「創造者的情緒」，祂既立心要毀滅世界，就不再顧及甚麼「自然定律」，**只會任意把想像力加諸世界身上**，使各種荒誕恐怖接踵而來，這種性質的災害稱為「模因(Meme)」。

模因來襲使當時世界發生了許多匪夷所思的事。初時大地震動、日夜顛倒，甚至星體亂飛，但人們習慣了聲色犬馬的虛擬世界，還以為這是甚麼特效；於是天上就降下了「火焰和冰雹混合」的巨大球

體(9)，把大地燒毀了三份之一，導致人們死傷無數，他們才醒覺到這是真實事件。

由於模因並非物理層次的力量，所以政府的防衛系統無法攔截，也無法預警，**世人就落入一片恐慌**。當天空降下「冰火球」後，山脈就開始從中斷裂，傾倒在海裏，與此同時又有巨大的隕石擊入海洋，生物在雙種打擊之下死傷無數，**生態就陷入一片混亂。**

雖然未來政府的高超科技使死傷人數減少，**但怪事還是接踵而來。**此時有人面的「飛行怪獸」出現(10)，牠們到處傷人，人就以為是「生化危機」的失敗品。被飛行怪獸傷到的人不會死，但會持續痛苦幾個月，大大增加了政府的壓力，在資源貧乏下，**世界的秩序就開始崩潰。**

正因為資源緊張，搶略就到處發生，它所產生的傷害比災難還要大。雖然政府努力維持秩序，**但災難使人心惶惶**，社會就漸漸瓦解，人們開始懷疑自己為甚麼要生存，許多人開始自殺。正是如此，**就成為了天國接觸他們的最佳時機。**

【鬼神】

本來，創世神要毀滅世界，世界就鐵定要滅亡，但祂赫然發覺世人在大災難期間不再那麼心硬，就把災情放緩。祂派出使者，**向半死不活的世人發出最後通牒**，要求他們歸順。

由於末世是多元的，所以它保留了各類資料，包括文獻、思想史、和聖經等等，**裏面記載著天國以往在歷史上活動的痕跡**，甚至末日的情況。當大災難時各種模因爆發後，人們就去翻查資料，赫然發現這些事與天國有關，**就開始有人歸順天國。**

這些人既知道一切出於神，就求祂放緩災情，**於是天國為了回應他們**，就放輕手腳，以致大災難過了好幾年仍未毀滅世界。不過與此同時，正因為災情放緩了，世界政府就有空間重建社會，在他們的高超科技下，**各處很快就重建起來。**

如果讓世界回到昔日光輝的話，人們肯定不會再聽甚麼「天國」，所以在它恢復前，**天國就呼召了一些「義人」叫人回歸神。**然而那時能用的人不多，**只有兩個人。**

這兩個人勢孤力弱，卻要在末世政府的阻力下傳播天國，可謂難比登天，**所以天國就給了他們空前的力量**，使他們不但能預知未來、施行醫治、啟動防護罩，刀槍不入，更能降下火焰、雷擊、洪水、地震、和風暴等等，**能力就如傳說中的鬼神一樣**，不但我們今時今日難以想像，甚至在當時也是無可匹敵的(11)。

正因如此，這兩個鬼神就一邊用超能力消滅敵對者，一邊招攬人加入，在這份強大的力量加持下，**當時有數以百萬計的人歸順天國。**

【英雄】

事實上，當時無數人的親友都在早年大災難中死去，他們傷心欲絕，只是摸不透大災難是甚麼，才無處發洩。但現在有兩個怪物使用「模因」力量橫掃世界，**人們就認定他們是大災難的幕後黑手**，勢要殺之而後快。

然而，這兩個鬼神不但能發動天火雷擊，甚至高科技武器都對他們無效，加上他們招收了數以百萬計爪牙，一般民眾在他們面前只如螻蟻，**因此只好寄望政府幫他們報仇。**

但政府其實同樣束手無策，因為兩個鬼神都擁有「模因」力量，科學既無法分析，一般武器也對他們無效，所以主動權在對方手上。這些人掠奪政府的領地，勢力不斷壯大，征服世界只是時間問題，**那時全世界都落入了絕望之中。**

與此同時，世上有迷信主義興起，傳說必有一位英雄要來，打敗兩個魔鬼，拯救人類。然後，**真的有個聲稱要挑戰怪物的年青人**，不過二十多歲，既沒有特別的背景，也沒有神奇的力量，只不過他有個特別之處，**就是意志力異常強**。他眼見人類要被消滅，**就為了守護世界**，矢志挑戰兩隻怪物，縱是螳臂擋車也在所不惜。

由於這個青年的堅持，百姓都被他感動，**甚至奉他為「英雄」**。這英雄既聲言要對付兩個鬼神，就被對方的勢力狙擊，但他卻一再化險為夷，就聲望日濃，**不斷有人加入他：這個團隊就成了家傳戶曉的精神寄託。**

後來，受到他感動的人越來越多，甚至在雙方激戰下，他竟然感動到對方勢力中的一些人倒戈。這股奇蹟般的魅力，就成了他的招牌，**也成了世人的希望。**

那時，英雄節節勝利，氣勢如虹，最後與政府軍會師，**要與兩隻怪物正面交戰。**然而，**氣勢無法逆轉他們之間力量的差距**，兩隻怪物不但摧毀了政府軍，連英雄都受到重擊，**進入了瀕死狀態。**

英雄的肉體既進入了瀕死狀態，他的靈魂就落入了陰間（詳情見上死亡篇），邪靈卻沒有一如既往地把他扯進地獄，**卻是由撒旦邀請他，要在他身上「憑附」**，發揮完全的力量。原來，英雄一直以來的吸引力，**都源於撒旦獨有的超自然力量「榮耀」**，只是他沒有意識到而已。

對於英雄來說，「拯救人類」是他最大的執念，他無法放下同伴和世人，**就選擇了和撒旦同化，使他的「魔王之力」完全醒覺。**

【魔王之力】

所謂「魔王之力」，並不是「天火雷擊」這等「物理性的力量」。在靈界裏，**「物理性力量」是最低層次的**，比如「操控火焰」、「發動自然災害」、「射出光束」等等，都是這一類。比它高一層次的，是對「時間性、空間性」的操控，包括「感覺消滅、時間減慢、光速活動」等等。不過，在靈界裏最高層次的力量，卻是「精神性」的，而「魔王之力」正正是這一類。

154

「魔王之力」源自撒旦墮落前創世神賦予他的能力，**稱為「榮耀 (Glorify)」**。這能力本是用來給他「讚美創世神」的，但當撒旦墮落後，就把這種能力用來「讚美受造物」，使他們眼光狹小，妄自尊大、依靠自己，**這樣撒旦就能和他們組成「聯盟」**，在「互相利用」的基礎上，共同統治這宇宙。

事實上，這力量之強，**就曾使天上三份之一天使墮落**，變成自我中心的邪靈，撒旦也因此被神撲殺，因此他的「魔王之力」一直受到抑制，無法在大地上運用自如。唯直至現在，**他的力量才透過「英雄」百份百地覺醒。**

那時，英雄知道創世神要毀滅世界，但他既與同伴經歷了許多美好時光，**就無法放下這些羈絆**，於是毅然反抗天命。然而面對兩頭怪物強大的力量，他保護同伴的唯一方法，**就是與撒旦融為一體，讓魔王之力完全醒覺。**

當英雄與撒旦合而為一後，撒旦的意志就驅動著他。對於撒旦來說，肉身的「痛覺」不過是一道興奮劑，**所以他能輕易地「復活」**。在旁人看來，英雄奇蹟性地「復活」，**就士氣大振。**

英雄雖然絕地重生，卻沒有傾力反撲，反倒以「悲壯」的形象，不計前嫌、不分敵我地憐惜眾人。**他開始述說每個人獨一無二的價值**，憐憫親人的悲痛，控訴戰爭的醜陋，呼籲人類回歸和平。不但如此，他還為了消弭人們的仇恨，站到最前線，叫人們還有甚麼怨恨，**都先在他身上剮。**

於是整個世界就為他停頓下來。他的同伴見他如此悲壯，都紛紛來保護他，並且保護他的人越來越多，這種感人至真的情緒不斷傳染，**最後竟傳染到對方身上。**

兩隻怪物的跟隨者們見英雄如此大義，**都無法對他下手，**反而請兩位「使者」高抬貴手。但兩個使者身負使命，無法答應他們，可是面對同伴倒戈，卻也無法下手，**於是心志就開始動搖。**他們的意志瓦解後，就失去了天國的力量加持，**最後被倒戈的眾人所殺。**

正是如此，**在英雄的「魔王之力」下，兩個使者就變得不堪一擊。**

經此一役，英雄就成了全人類的救主，世人認為他是天命所歸，就無法再服膺其他人，於是他就挾著「救世主」之名，配合本身的「魔王之力」，輾壓掉共濟會元老，順理成章地支配了世界，**成了「世界之王」。**

與此同時，兩個使者一直被認定是大災難元凶，他們就被曝屍於市，世界甚至為此普天同慶。對此，天國大發雷霆，**把二人的屍體用旋風捲走。**針對這種可怕的現象，**英雄指出兩個怪物背後仍有一個集團**，必需把它們連根拔起，人類才能脫離「模因」的威脅。正是如此，**英雄就展開了對天國餘黨的肅清。**

【真聖族】

本來，兩個使者招聚了許多人跟隨，但這些人在終極之戰被「魔王之力」支配了，大部份都倒戈，剩下的人在兩個使者被殺後四散，**這些人約有十五萬。**

這十五萬人四散後，**就融入了社會中。**由於他們人數稀少，**就採取了「地下結社」的方式**，一邊潛伏，一邊伺機活動。他們以「天國的餘種」自居，就取了歷史上「神的子民」的名號，**自稱「以色列」。**（那時已經沒有以色列人，因為醫學方法早就把人的種族特徵消除了）

由於世人對兩個使者餘悸猶在，**所以「以色列」就被訂性為恐怖份子**，成了全人類公敵。雖然「以色列」一直被追捕，但由於他們部份人承繼了天國的超自然力量，力足自保，**所以他們就成了人類的心腹大患。**

為了在茫茫人海裏抽出他們，**世界政府啟動了「晶片計劃」**，要把監控人狀態的晶片植入人體內，監控那人的狀態、位置、及活動狀況，**並且要透過它才能進行交易。**

正因如此，若「以色列」組織的人植入了晶片，他們的活動就會被監控，相反他們若拒絕植入，就無法在社會生活。這套監控系統，**宗教學上稱為「六六六」**(12)。

【六六六】

所謂「六六六」，源自「六」字的**靈意**。話說創世神最初用了感覺裏的「六日」來設定物質界的物種、星體、大自然環境、和物理定律等等，「第七日」就讓它開始自行運作，直至走向預定的結局。然而撒旦為了做「世界的王」，就不斷搞局，**把「劇情」困死，讓它無法走完「第七日」**；所謂「六六六」，**就是「世界一直進行，但無法達到結局」的意思。**

本來，創世神預定了劇情要「人類自我膨脹，自食其果，最後願意聽創世神的話」，但撒旦從中作梗，**就讓人類一直保持在「自我膨脹」的階段**，並且透過精準計算，**遠避「自食其果」的後果**，劇情自然無法走到「人願意聽神的話」的結局。

撒旦為了達成精準的計算，**就要掌握所有資源來佈局**，他透過追捕「以色列」為由，實行「晶片計劃」，所為的其實不是恐怖份子，**而是要「控制所有事」**。他透過晶片掌握了全人類鉅細無遺的資訊，統籌世界運作，把人們放在最適合的位置，來使社會和科技不斷發展，**遠避「自食其果」的結果**。

從人文角度看來，他是一個英明的君主，因為在他統治之下，社會高速發展，**甚至從能模因的破壞中恢復過來**。那時人們的生活質素，比之前的「理想國」猶有過之。

它最明顯超越「理想國」的地方，**是掌握了「永生不死」的技術**。由於撒旦作為地獄之王，深諳「憑依」技術之理，**明白如何把靈魂**

移植到不同**軀體裏**，所以當人肉身朽壞，只要把他的靈魂移植到別的複製體中，就能重生。

由於撒旦突破了生死之門，**就被民眾當神一樣謨拜**，他們加緊追捕「以色列」，好發揮自己的忠誠。然而，由於晶片計劃的強效，「以色列」早已短缺，**他們只好聚在一起過自給自足的生活**，並且按著自己「以色列」的名號，回歸耶路撒冷地聚居，靠著模因力量，**勉強抵抗入侵者。**

正因如此，**撒旦就動用世界政府旗下所有軍力**，向以色列進軍，**誓要把創世神在地上最後的勢力完全消滅。**

【屠殺】

那時，「以色列」組織有十五萬人，雖不是很多，但他們集中行動，又擁有模因力量，就不是一般民眾能抵抗。他們穩穩地佔據著耶路撒冷，**建立了一個小型國家。**

由於他們是全人類的眼中釘，所以一直受軍隊攻擊，**然而一般的軍警無法對抗他們**，於是撒旦就動用政府旗下總軍力，**及一切導彈**，要把他們剷平。

在這段時間內，以色列「組織」沒有加強防衛，他們反而根據聖經記載，重建起耶路撒冷聖殿，又遵守摩西律法的節期，宛如古以色

列人一樣。他們之所以要這樣做，是要在頻臨破滅時，**表明自己仍依靠創世神。**

由於他們與政府的力量太過懸殊，這不算是一場戰鬥，**而是一場屠殺**。那時「以色列」並沒有兩個使者般誇張的力量，面對巨大殺傷力的導彈，他們已作好必死的準備，**要在生死關頭仍依靠神。**

當政府軍做好準備後，**就向「以色列」發射眾多導彈、核彈、電磁炮、和衛星激光**。那時，科技武器飛越天際，橫過海洋，衝到中東耶路撒冷地，正要把它轟炸成飛灰之際，**突然所有武器都自行爆炸**。在硝煙之下，**耶路撒冷看來好像有防護罩一樣。**

這個防護罩不是一般的力量，**卻是「模因」**，它與早前兩個使者的力量明顯有別，不是自然災害，而是更加超自然、更加科幻的屬性。硝煙散開後，裏面卻出現了一個人：**耶穌基督。**

【回歸】

從數千年前，耶穌基督升天後，**就沒有再在大地出現**。臨升天前，還預告過：「*這離開你們被接升天的耶穌，你們見他怎樣往天上去，他還要怎樣來*(13)。」但過了數千年了，不知更替過多少朝代了，他還是沒有回來。正因如此，人們對他的回歸已經絕望，**宛如一個傳說。**

那時還會盼望他回歸的，**就只有那班「以色列」的人而已**。然而他們信得十分瘋狂，不僅自己相信，還要世人都信，甚至世界忘了他，就來攻擊人類，**所以社會才不得不把他們剷除**。因為這班人口中的「王」，不過是一個老掉牙的寓言而已。

由於這班恐怖份子搗亂世界，所以世界就讓他們求仁得仁，**接受導彈制裁**。那時，高科技武器都來招呼他們，要轟過稀巴爛，但奇怪的事就發生了：有個人竟然從天而降，**把所有攻擊都擋在一道力場之外**。

這個人，卻不是寓言中的長鬚老者「耶穌」，**而是一個年青人**，他的容貌異常俊美，身材健碩，甚至隱隱發光，像是神話中天神般的人物。「以色列」人看見他都心神大振、形同瘋癲，**稱他為「主耶穌基督」**。

雖然形勢如此詭異，但政府的都是專業軍人，攻勢不會因此停下來，**第二波更強力百倍的「核彈」攻擊接著發動**，轉眼間就來到這個能力者面前。然而，眾多核彈卻突然變得無影無蹤，憑空地消失了，連一點硝煙也沒有，**好像從來沒有存在過一樣**。

就在此時，**整個「以色列」組織的十五萬人竟然慢慢騰空升起**，他們的面貌如痴如醉，狀似入神，越升越高，後來突然消失，不知去到那裏了(14)。於是，**場中就剩下那個耶穌基督**。面對這種情況，**政府就派出地面部隊進入耶路撒冷**，要查探發生了甚麼事。

就在他們就踏進耶路撒冷之際，**突然有一股眩目的光芒爆發**，使所有人都無法活動。這股光芒大約維持了一分鐘時間，期間有許多令人難以明白的聲音響起，這股光芒才漸漸散退。與此同時，**耶路撒冷出現了無數天使一樣的年青人**，他們全都面目俊美、身型雄偉、隱隱發光，並且身穿統一的服裝，排列整齊，然後同時做出一個動作：**向耶穌下跪。**

【大集合】

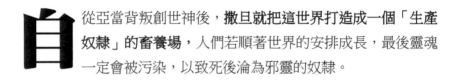

從亞當背叛創世神後，**撒旦就把這世界打造成一個「生產奴隸」的畜養場**，人們若順著世界的安排成長，最後靈魂一定會被污染，以致死後淪為邪靈的奴隸。

正因如此，**天國就活化了一些人**，讓他們去告訴別人這個死局。撒旦有見及此，**就加緊虐待世人**，使他們甚麼都無心聽，甚至遷怒使者，怪他們搞事，**最後群起殺之**。正因如此，歷世歷代有許多使者被殺，**他們就稱為「義人」**。

義人之所以被殺，不是因為天國保護不了他們，**而是因為創世神認定了這是「世人給祂的答案」**，就使義人「代表天國」去承受，**來演活答案的真義**。因此，義人其實不是為自己死的，而是為神而死的，神欠他們一條命。

神從不欠人，**欠了這條命就必會還**，但祂不會貿然放人回世界，以免世界日後仍忍不住消滅他們，就只會白白受苦，**所以唯有等創世**

162

神決意毀滅世界了，才放他們回來，那時就讓他們把世界肅清，**然後真正意義地「活著」。**

正因如此，耶穌與一眾義人回來世界，**正是為了肅清。**那時，世界拒絕了最後十五萬「以色列人」，也就拒絕了創世神給他們的最後機會，**使祂對世界死心，**於是祂把歷世歷代所有義人放回大地，包括亞伯、以諾、挪亞、亞伯拉罕、雅各、摩西、約書亞、基甸、撒母耳、大衛、以利亞、以利沙、希西嘉、約西亞、以賽亞、耶利米、以西結、但以理、撒迦利亞、施洗約翰，再加上後來新約的義人彼得、約翰、保羅、路加、**和許多其他新時代加入的義人等等。**

當時，所有義人集合耶路撒冷，他們擁有全新的身體，高大強健的體格，年青的面目（你卻無法看出他的性別），全身透著金光，除了一副千垂百鍊的靈魂外，**其餘都是新的。**他們每個人的感覺獨一無二，卻又好像一模一樣（你看過才能體會到），他們身穿同類的服裝，看來一樣、但感覺又完全不同。霎時之間，**他們一同向耶穌下跪，**就發出了驚天動地的巨響，和刺眼的閃光。

與此同時，**有數之不盡的軍隊正在進軍耶路撒冷，**他們一邊施放濃烈的硝煙，又用高科技裝置干擾他們，然而這些東西在強光面前全都不堪一擊。就在一眾義人下跪時，這股強光爆射而出，**瞬間把把這些軍人淹沒。**

末日篇

【滅世】

義 人生前致力拯救世界，但最後還是被「好人當賊扮」，不但被逼死，更要負上罵名，**心裏不免對世界積壓了千般忿恨**。只是他們尊重創世神的安排，才隱而不發，心想何日方能報仇。

為甚麼創世神看見義人被害還不消滅世界呢？**無非因為世界還有機會出產義人**，祂一日這樣餘情未了，**就誰都滅不了世界**。唯直到末世時，世界要滅絕祂的子民了，這才使祂心死，**於是正式批准義人向世界討回公道**。

為此，**創世神把歷世歷代所有義人復活**。他們恭迎耶穌重掌王權，霎時間就光芒四射，政府軍被這些光芒淹沒，憑空消失。與此同時，耶穌向義人下令：要把所有不歸順他的人，**全部肅清**。

> 「在天上的衆軍騎着白馬，穿着細麻衣，又白又潔，跟隨他。」(啓示錄 19:14)

義人領命後，就一一浮在半空，然後飛散世界各地。

由於創世神已經給了世界許多機會，要悔改的人都悔改了，**所以那時大地上沒有人不是「靠自己」**。他們面對義人襲擊，沒有一個投降。事實上，當時人類的數目還是多如海沙，不但有許多軍兵，還掌握著各種高科技武器，包括激光槍械、導彈、衛星武器等等，**面對區區十幾萬人何懼之有**。

當時，「英雄」領導著人類，他深知這一仗「不成功便成仁」，便召還了麾下所有邪靈，附在怒氣填胸的世人身上，**使他們擁有靈界的「模因力量」**，去對付這班天國的復仇者。

然而，**義人的模因力量絕不在他們之下**。那時創世神把義人復活後，就按著他們的特質，賜予了每個人專屬的力量，從最基本的「施放火焰」、「控制雷擊」，到「左右時間」，「攻擊靈魂」，甚至「控制邏輯」等等，都是靈界裏最強的力量。

正因如此，那時邪靈雖佔了人數上的優勢，但雙方短兵相接下，義人還能抵擋得住。經過四十天激戰，義人靠著互相合作，險死還生之下，**才把地上數十億個擁有模因力量的魔人消滅**，包括「英雄」撒旦在內。他們裏面的邪靈，**就被囚禁在陰間的虛無之中**。與此同時，**世上所有文明被毀滅**，包括電力系統、科技網絡、以至外太空殖民地等等，人類世界從未如此滿目瘡痍過。

正是這樣，屹立萬年的「世界」，**終於被消滅了**。

【千年】

耶穌與僕人肅清世界後，就消滅了世人一手建立的樂園，不過它雖叫「樂園」，其實耶穌看它不過是「爛透」，因為真正的「快樂」從來不是如此膚淺的東西。

從耶穌看來，快樂並不在乎規模，也不在乎設備，**而是在乎它有沒有創世神關愛**。因為只要有創世神關愛，即使它現在爛透都好，但發展的方向總是欣欣向榮的，這個「欣欣向榮的發展過程」才是人真正的快樂所在，**意義也盡在於此。**

為了證明創世神的祝福是如此重要，**耶穌就決定支配大地**，好讓創世神因著他，**祝福大地。**

那時，**耶穌「管理」大地的方法就是「釋放」**。當時世上只剩下十五萬復活的義人，耶穌沒有制訂法律，也沒有設立任何規則，**只是任由他們自由地生活。**

於是，義人就按著他們的本心，**為大地建造各種設施**，包括文化上的、外觀上的、和系統上的。耶穌沒有逼他們開會，也沒有讓他們執行任務，**只是自發地做認為適合的事**，但奇怪的是：**事情就是這樣自然配合起來了。**

由於義人都擁有模因力量，他們動起手來建設，大地發展就一日千里，卻不是一般的「城市化」。那時義人按著他們各自的氣質，**把社會群分成各個領域**，建立起不同的村莊，各種風情的小城，甚至散居在自然地貌之中。在各具特色的地帶裏，人們按著自己的步調生活。

有人喜歡做事勤快一點，也有人活得輕輕鬆鬆，**他們同樣不需要為資源煩惱**，因為到處都是無私的人，沒有貧乏；**也不需要設立規則**，因為每個人都充滿愛。

至於耶穌，他也沒有特別要處理的事務，他天天的「工作」，**就是愛人**：接觸到甚麼人，就去愛甚麼人，去關心他、了解他、分享生命的點滴。儘管如此，**社會也不會因此「停擺」**，因為這國度不是中央集權的，**而是人人自發地做事的。**

> 他們必作神和基督的祭司，並要與基督一同作王一千年。(啓示錄 20:6)

正是如此，**這世界就如此圓融地運作了千年**，期間沒有戰爭、沒有權鬥，更沒有自然災禍，人們天天的生活都是由小品故事組成，享受

關係中的滿足和快樂。這個耶穌麾下千年樂園，稱為「**千禧年(Millennium)**」(15)。

【物質界的終局】

本來，創世神造物質界，是為了讓人類把他建設起來，直至發展成祂心目中的大同世界。好比我們玩「模擬城市(SimCity)」，想看著它怎樣發展一樣，現在「千年國」已經滿足了祂的要求，**物質界的意義其實已經完滿。**

然而，「物質界」還有一個非常重要的價值，**就它裏面載有的「概念」**。道理就如金庸寫完了《神雕俠侶》，雖說「楊過」已經沒價值了，但「楊過這個概念」仍是價值連城的，因為只要它一日存留在金庸心裏，**就能「穿越(Crossover)」**到其他故事中，成為「別人的師父」或「傳說中的劍聖」等等。

同理，物質界還有很多有價值的概念，**可以用來「穿越」到其他故事中**。然而有多少這樣概念呢？由於祂早就熟諳「愛、公義、美善」等形而上的價值，所以唯一能加進祂心裏的，**就只有「人物角色」**而已。

由於成熟的靈魂需要在世上打滾、發酵，幾經辛苦才能鑄成，**所以「人物」是至為珍貴的**，因此義人一直被創世神銘記著。與此同時，只要神建設好新世界，他們就會「穿越」到那裏，**成為新角色**。有的會成為主角，有的會成為配角，有的會成為師父，有的會成為引導者：**就如物質界的天使一樣**。

既是如此，除了這些人物外，物質界已經失去存在價值，**就是時候把它銷毀了**。

【冥滅】

以往，由於地球一直受創世神保護，所以不會遇到一些本應遇到的外星生物，包括「**巨型野獸**」、「**外星人**」、和「**超能種族**」等等。但事實上，正如宇宙學家霍金(Stephen Hawking)所說，**外星生物一直遍佈宇宙**，現在創世神既立心要放棄世界，就再沒有任何「偶然」，**他們很快就發現了地球**。

外太空生物並非善類，他們一直都在惡劣的環境下掙扎求存，**培養出強大的基因、體格、力量、科技、和抗逆能力**。比如那時就有一

種巨型蟑螂般的外星生物，體形巨大，擁有高智慧、高力量、高速度、直覺溝通能力，和頑強的繁殖能力，**讓義人難以抵擋。**

不但如此，**創世神還把邪靈從靈界中釋放出來**，讓他們附在宇宙生物裏（為了把「邪靈」連同整個宇宙一併消滅）。邪靈被釋放後，就為了報「被困千年」之仇，**在宇宙生物身上附身。**

由於宇宙生物繁殖力驚人，**他們的數目已非「數百億」或是「數百兆」那麼簡單**，不但如此，他們還擁有高科技，卻不是「槍炮激光」，而是會「挪移星體，使用引力」的層次，使地球受到「宇宙力量」的打擊。正因如此，**那時地球有許多自然災害接連爆發**，然而在義人的模因力量保護下，才沒有滅亡。

宇宙生物很快就把地球重重包圍。由於他們的數目幾近無限，因此義人雖不停運用模因力量抹殺敵人，但仍然有所不及。當時的情況非常惡劣，**各樣災禍接連出現。**

就在地球快要崩潰時，宇宙空間卻突然被火焰燃燒起來，**任何沾上的「東西」甚至「空間」都被強行銷毀**，無法用任何方法抵擋，**盡數「歸零」**。正因如此，那時外星生物無論用任何方法，都無法阻止自己「被消失」的情況蔓延。

這股火焰漸漸擴大，越來越快，甚至燒遍整個宇宙，最後不單外星生物被摧毀，甚至連宇宙空間都被殆盡，**物質界就這樣歸於冥滅了**(16)。

> 在那日，天被火燒就銷化了，有形質的都要被烈火熔化。(彼得後書 3:12)

末日篇

【最後審判】

物質界之所以會冥滅，是因為創世神要終結這故事，然而在正式終結前，祂還有一件事要做，**就是「檢討」。**祂要檢討整個故事裏，有甚麼概念值得保留，**有甚麼概念需要摒棄**，這就造成了一次「**最後審判(Judgement day)**」。

所謂「最後審判」，**其實是創世神反思的過程。**究竟在「物質界之章」裏，有甚麼藉得保留？好比金庸寫完《射雕英雄傳》後，檢視這部作品，覺得「郭靖」還可用，就把他延續到《神雕俠侶》中繼續他的戲份；相反許多角色都沒有用了，就要從此消失。

同樣，創世神要審視歷史上「每個角色」、「每樣東西」、和「每樣設定」是否值得保留，**祂滿意的就保留，不滿意的就會從心底裏抹殺**，永遠消失。

當創世神要「抹殺」一個概念，**就會在祂的思海裏，用「火焰」把它的畫面、聲音、感覺、氣味、質感淹沒，這樣就永遠忘記它。**正是如此，那時祂把所有「不肯歸順祂的人」、「死亡」、「敗壞」、「陰間」、「悖逆」等等概念，全數這樣燒燬，**然後消失歸零**，這樣它們就不會出現在新世界中。在宗教學上，這種摒棄稱為「**第二次的死(Second death)**」[17]。

> **若有人名字沒記在生命冊上，他就被掉在火湖裏。(啟示錄 20:15)**

至於祂要保留的概念，其實不多，由於物質（這種存在形式）已經成為過去，**所以一切有形的東西要被銷毀**。事實上，在「物質界之章」

170

裏能過渡到「新世界」的，**就只有部份人物而已。**

當時，歷世歷代所有存在過的人，都會被提到耶穌面前，唯有他認可的，才會被取錄，成為新世界一員，這份名單就形成了一部「**生命冊(Book of life)**」(18)。唯有在「生命冊」裏記載的人，**才能進入新世界。**

審判過後，創世神就把祂一手創造的物質界化為虛空，還存留的人，**就進入下一章的「新世界」。**

【新世界】

創世神之所以要進行審判，**是為了「篩選」**：只有祂鍾愛的人，才能進入「新世界(New Heaven & New Earth)」。因為所謂「新世界」，其實是一個祂內心保留著、**只留給所愛之人的秘密空間。**唯有熱切追求祂的人，到最後祂才會開放這空間，給他們品嚐自己的愛。

新世界由創世神的愛造成，裏面不但充滿了「溫馨、窩心、甜密」的幸福感覺，還有「熾烈、融化、嫉妒」的情感，這些都是創世神收藏心底的秘密。那時，**整個新世界是由這些感覺構成**，由於每個人對愛情的體會不同，有人喜歡甜美，有人沉醉激烈，有人享受玩味，**所以他們會處於新世界的不同部份，享受不同感覺。**

末日篇

不同類型的人，會經歷新世界裏不同的故事。這些故事世界，每個都好像我們的物質界那麼龐大，有不同的歷史背景，甚至不同的時空，**適合的人會被擺放在同一個空間裏**，他們會相遇，也會相知相愛，**締結緣份**。有的是刺激冒險，有的是平凡小品，有的是都市戀曲，有的是生死相隨。然而，新世界的主旨只有一個：**就是相愛。**

在新世界各個故事裏，**時空都不是平行的**，有些時間較快，有些較慢，有些時空交疊；會有一起活動的時間，也有無法相遇的。

在無窮無盡的時空裏，人會與不同的人相遇，締造各種故事。那時，創世神看見人們幸福，就盡情去愛人，祂對愛情無窮無盡的欲望才能滿足，這份感覺會一直維持下去。

直至下一個故事開始。

(完)

後記

「或許您經歷了一段奇幻旅程，覺得世界不再一樣；或許您覺得匪夷所思，覺得一切太過夢幻，但這書上的內容，都不是作者寫給您的，而是神寫給您的。

本書的內容，不是作者一介凡人就能想得出來，它不過是作者與靈界交流下，遊覽各處所撇見的走馬看花。然而這些片段，無疑是神要轉達給各位的。

這些奧秘，很多都一直被封印著，然而它們自有解封的時間，現在正是時機。作者的責任，只是去解開封印，至於各位，你們得知被封印的內容後要怎麼，就由你們自己決定了。事實上，你們是被揀選，所以神才會對你們親自說話。

本書所記載的智慧，只是靈界裏的一粒沙子，這樣說毫不誇張，我們若去過靈界，就能體會到這些只是一眨眼的感覺，尚有許多作者忘記了。若有機會，會向各位道來。」

陳信義

2018 年 7 月

註

第十、逆襲篇

1. 《中國哲學史第二編・第十一章 唐朝中期的哲學思想(2)》in http://www.b111.net/novel/49/49332/4416308.html
2. 《舊約聖經・創世記》3 章 21 節
3. 《舊約聖經・創世記》4 章 8 節
4. 《舊約聖經・創世記》4 章 25 節
5. Mind Pro Psychological Medicine Centre：《認識創傷後壓力症 (Post-Traumatic Stress Disorder)》in http://mindpro.hk/%E5%89%B5%E5%82%B7%E5%BE%8C%E5%A3%93%E5%8A%9B%E7%97%87/
6. 蔡宗儒：《物理學中所說的時間與空間》in http://www.dharma-academy.org/forum/forum10.htm
7. 張帆：《愛因斯坦的相對論為何無緣諾獎》in http://big5.china.com.cn/gate/big5/media.china.com.cn/cmys/2017-10-31/1162969.html
8. 《舊約聖經・創世記》6 章 3 節

第十一、會戰篇

1. 李白：《戰城南》in http://www.literature.org.cn/article.aspx?id=41180
2. 陳信義：《解開靈界之謎》(台北：博客思出版社，2016)，頁 83
3. 太陽報：《Lady GaGa 生牛肉當衫著》(香港：2010)in http://the-sun.on.cc/cnt/entertainment/20100908/00476_029.html
4. 新使者雜誌：《亞伯拉罕獻以撒，迦南人獻嬰祭的背景》in http://newmsgr.pct.org.tw/Magazine.aspx?strTID=1&strISID=163&strMAGID=M2017122904382
5. 《新約聖經・希伯來書》11 章 19 節
6. 《舊約聖經・創世記》22 章 17 節
7. 《舊約聖經・創世記》22 章 18 節
8. 《舊約聖經・出埃及記》12 章 37 節
9. 《舊約聖經・出埃及記》3 章
10. 《舊約聖經・出埃及記》14 章 28 節
11. 《舊約聖經・約書亞記》6 章 20 節
12. 《舊約聖經・約書亞記》10 章 11 節
13. 《舊約聖經・約書亞記》10 章 13 節
14. 《舊約聖經・士師記》1 章
15. 《舊約聖經・士師記》2 章
16. 《舊約聖經・利未記》18 章 5 節

17. 《舊約聖經‧利未記》23 章 3 節
18. 《舊約聖經‧利未記》12 章 3 節
19. 《613 條誡律》in http://christianstudy.com/data/ot/613commands.html
20. 翼報：《以色列歷史》in https://www.ebaomonthly.com/window/discovery/travel/israel/israel_hist.htm
21. 《舊約聖經‧歷代誌（下）》36 章 23 節
22. 《舊約聖經‧以斯拉記》10 章
23. 《613 條誡律》in http://christianstudy.com/data/ot/613commands.html

第十二、重生篇

1. 羅曼：羅蘭：《約翰·克利斯朵夫》in http://www.tw117.com/mingyan-ju/65423/
2. 陳信義：《解開靈界之謎》(台北：博客思出版社，2016)，頁 139
3. 陳信義：《解開靈界之謎》(台北：博客思出版社，2016)，頁 145
4. 貝蒂．伊娣：《我有死亡經驗一個經歷死亡的真實紀錄》(台灣：希代出版社，1994)，頁 9-10
5. 史威登堡研究會：《通行靈界的科學家》in http://fantasyman1.pixnet.net/blog/post/78124620-《通行靈界的科學家》第二章-死亡就是搬家

第十三、天國篇

1. 《關於幸運的格言》in http://www.11i.info/diary-105540.html
2. 《新約聖經‧哥林多前書》15 章
3. 恐懼鳥：《一場前蘇聯的睡眠實驗》in http://polymerhk.com/articles/2014/08/15/5295/
4. 南懷瑾：《道家有一種術叫奪舍法，可以奪取別人的肉身》in https://kknews.cc/zh-hk/other/megnpl9.html
5. 《新約聖經‧啟示錄》22 章 11 節
6. 每日頭條：《物質既不能被創造，也不能被毀滅，那麼人是不是就是不死的？》in https://kknews.cc/zh-hk/science/jjqpjmy.html
7. 宣化上人：《世界無量無邊》in http://www.drbachinese.org/online_reading/dharma_talks/Sutra_Selection4/selections_04_7.htm
8. 盧勝彥：《六道輪迴的真實面目》in http://www.tblibrary.org/?act=article&id=6882
9. 自由時報：《臨終前寫完論文 霍金提出多元宇宙驗證方法》in http://news.ltn.com.tw/news/world/breakingnews/2369363
10. 陳信義：《解開靈界之謎》(台北：博客思出版社，2016)，頁 153
11. 《新約聖經‧雅各書》1 章 12 節
12. 每日頭條：《佛教因果報應觀念與人類行為的關係》in https://kknews.cc/zh-hk/culture/48aav.html
13. 《舊約聖經‧詩篇》82 章 2 節

第十四、補完篇

1. 閱來網：《拿破崙名言》in https://m.mindhave.com/mingrenmingyan/19690.html
2. 《新約聖經‧約翰福音》10 章 30 節
3. 《新約聖經‧路加福音》1 章
4. 《小孩不要輸在胎教起跑點》(右灰文化傳播有限公司，年份不詳)，p.74
5. 《新約聖經‧馬太福音》13 章 55 節
6. 《新約聖經‧路加福音》7 章 14 節
7. 《新約聖經‧馬太福音》24 章 36 節
8. 《新約聖經‧希伯來書》9 章 26 節
9. GotQuestions：《什麼是猶太教，猶太人信奉什麼？》in https://www.gotquestions.org/T-Chinese/T-Chinese-Judaism.html
10. 《新約聖經‧路加福音》6 章
11. 《新約聖經‧路加福音》11 章
12. 《新約聖經‧約翰福音》8 章
13. 《新約聖經‧約翰福音》5 章
14. 《新約聖經‧馬太福音》12 章 21 節
15. 《新約聖經‧馬太福音》12 章 13 節
16. 約瑟夫：《猶太古史》18 卷 33 章 in http://www.ccgn.nl/boeken02/tzdp/tzdp_05.htm
17. 《新約聖經‧馬可福音》14 章 10 節
18. 《新約聖經‧馬太福音》28 章 18 節
19. 《新約聖經‧約翰福音》20 章 27 節
20. 《新約聖經‧約翰福音》21 章 6 節
21. 《新約聖經‧馬太福音》28 章 20 節

第十五、現世篇

1. 畢留情：《知識分子對權威質疑而不是顧問-寫在「五四」九十周年和「六四」二十周年前夕》(蘋果日報，2009 年 3 月 17 日) in http://hk.apple.nextmedia.com/news/art/20090317/12501073
2. 《新約聖經‧使徒行傳》1 章 9 節
3. 《新約聖經‧使徒行傳》2 章 41 節
4. 黃春生：《什麼是「屬靈遮蓋」？》in https://www.fhl.net/main/question/question4.html
5. 《舊約聖經‧民數記》11 章 1 節
6. 《新約聖經‧使徒行傳》1 章 26 節
7. 清泉：《基督教簡史（三）- 苦難時期》in http://www.pcchong.com/mydictionary1/special/historyofchristianity3.htm
8. 基督教今日報：《殉道者的血是教會的種子 布吉納法索恐攻宣教士罹難 「天堂贏得 7 位戰士」》in http://www.cdn.org.tw/News.aspx?key=7611
9. 翼報：《以色列歷史》in https://www.ebaomonthly.com/window/discovery/travel/israel/israel_hist.htm
10. 《新約聖經‧哥林多前書》15 章 6 節

11. 《新約聖經·使徒行傳》15 章

12. 《新約聖經·提摩太後書》3 章 16 節

13. 張春申：《教會歷史中的基督論（一）》in http://archive.hsscol.org.hk/Archive/periodical/ct/CT066/CT066E1.htm

14. 《亞流派和尼西亞會議》in http://www.sekiong.net/ASS-CH/CH18.htm

15. 《蘇西尼主義、神體一位論、現代主義》in http://www.sekiong.net/ASS-CH/CH18.htm

16. 以斯拉百科網：《諾斯底主義的基本概覽及影響》in http://www.equiptoserve.org/etspedia/新約背景/諾斯底主義的基本概覽及影響

17. 聖經辭典：《幻身論》in http://www.apostles.tw/dict/m/dict31m/d0252.htm

18. 《亞波里拿留派》in https://carm.org/languages/chinese/亚波里拿留派

19. 凌渝郎、蔡文輝《西洋政治哲學史》(台灣：五南圖書出版，2000)，頁 123

20. 清泉：《基督教簡史（四）- 國教時期》in http://www.pcchong.com/mydictionary1/special/historyofchristianity4.htm

21. 每日頭條：《基督教皇帝君士坦丁為何皈依基督教》in https://kknews.cc/zh-hk/history/z6brrv3.html

22. 《什麼是七件聖事？》in http://www2.hkedcity.net/sch_files/a/tc/tc-kat2/public_html/new_page_5.htm

23. 《教宗之國 梵蒂岡》in http://royal.dynasty.cc/eu/?p=314

24. 于斌：《教會第一位女聖師——聖女大德蘭》in http://archive.hsscol.org.hk/Archive/periodical/ct/CT010E1.htm

25. 《中世紀教會歷史》in http://mandel.synology.me/書報合輯/gracefinder.com/folder/books/02432.html

26. 上報：《宗教改革 500 周年 馬丁路德掀羅馬教會狂風巨浪》in https://www.upmedia.mg/news_info.php?SerialNo=27889

27. 梁鶴年：《西方文明的文化基因》(香港：中和出版社，2017)，頁 60

28. 每日頭條：《亨利八世：一樁離婚案引發英國政治和宗教大地震》in https://kknews.cc/zh-hk/history/eq2yz.html

29. 無睡意哲學：《康德：何謂啟蒙？》in https://philosophy.hk01.com/channel/無睡意哲學/47484/康德：何謂啟蒙？%20-%20EP38

30. 中時電子報：《莎士比亞 4 大悲劇在說什麼？她用 5 分鐘讓你秒懂！》in http://tube.chinatimes.com/20160429004804-261410

31. 崔家玲：《牛頓革命》in http://www.people.com.cn/BIG5/guandian/29/163/20010628/499189.html

32. 每日頭條：《瑪麗一世的雙重身份：蘇格蘭女王和法蘭西王后》in https://kknews.cc/zh-hk/history/nxo5bk2.html

33. 東網：《新聞背後：西班牙無敵艦隊征英失敗告終》in http://hk.on.cc/int/bkn/cnt/news/20170412/bknint-20170412172332420-0412_17011_001.html

34. 維基百科：「日不落帝國」in https://zh.wikipedia.org/wiki/日不落帝國

35. 文匯報：《迷戀殖民主義者應了解的歷史》in http://paper.wenweipo.com/2017/12/27/PL1712270003.htm

36. 《加爾文五大教義》in http://www.christianstudy.com/data/theology/5_point_of_calvinism2.html

37. 聖經網：《芬尼：近代奮興之父》in http://www.aboutbible.net/Ab/E.40.CharlesGFinney.html

38. 每日頭條：《歐洲殖民者侵佔北美大陸，百年屠殺印第安人種族幾乎滅絕》in https://kknews.cc/history/9xn6gk8.html

39. 關鍵評論：《貿易大歷史：黑奴買賣與要命的「蔗糖人口學」》in https://www.thenewslens.com/article/89540

40. 蘋果日報：《跟足「黑手冊」燒黃紙 黑幫橋底木屋收嘅斷正》in https://hk.news.appledaily.com/breaking/realtime/article/20171128/57516307

41. 《美國獨立革命簡史》in http://okplaymayday.pixnet.net/blog/post/26107649

42. 每日頭條：《獨立戰爭根本不是美國人自己打贏的，原來是這個國家出的大力》in https://kknews.cc/zh-hk/history/g8my4e.html

43. 蘋果日報：《甚麼是自由主義？》in https://hk.news.appledaily.com/local/daily/article/20160803/19720605

44. Geneonline：《1859 年 11 月 24 日 達爾文發表《物種起源》，提出進化論思想》in https://geneonline.news/index.php/2017/11/24/on-the-origin-of-species/

45. 《馬克斯威爾的小惡魔》in https://case.ntu.edu.tw/blog/?p=7945

46. 大紀元：《改良蒸汽機 瓦特造就工業轉捩點》in http://www.epochtimes.com/b5/11/1/30/n3158068.htm

47. 洪文東：《門得列夫：化學元素週期表的發現者》in http://chemed.chemistry.org.tw/?p=21607

48. 《後現代主義─真理是甚麼？》in https://www.allaboutphilosophy.org/chinese/postmodernism.htm

49. 廖上信：《自由主義神學簡介》in http://newmsgr.pct.org.tw/Magazine.aspx?strTID=1&strISID=47&strMagID=M2006060900942

50. 張國棟、文見歡：《為何會有歷史耶穌的問題出現？》in http://occr.christiantimes.org.hk/art_0074.htm

51. 每日頭條：《解說：第一次世界大戰爆發的真實原因》in https://kknews.cc/zh-hk/history/g4k9p9.html

52. 維基百科：「第一次世界大戰」in https://zh.wikipedia.org/wiki/第一次世界大戰

53. 每日頭條：《二戰發起者希特拉為何仇視猶太人？》in https://kknews.cc/zh-hk/history/928kxpb.html

54. 搜狐：《揭秘德国入侵波兰：闪电战威力震惊德军高层》in http://mil.sohu.com/20150415/n411322033.shtml

55. 搜狐：《慰安妇与731，日本人的冷漠：哪怕看纪录片年轻人仍然拒绝相信》in http://www.sohu.com/a/165236363_600530

56. 中時：《美國原子彈襲日 為何選廣島長崎不選東京？》in http://hottopic.chinatimes.com/20161227003395-260812

57. 明鏡歷史網：《五月花号与美国文明》in http://www.mingjinglishi.com/2013/06/blog-post_9998.html

58. 維基百科：「靈恩運動」in https://zh.wikipedia.org/wiki/靈恩運動

59. 舉目：《二十世紀靈恩運動與教會復興》in https://behold.oc.org/?p=5012

60. 當代神學辭典：「靈恩運動」in http://christianstudy.com/data/theology/charismatic_movement.html

61. 基督教護教園地：《五旬節派與靈恩的探討(三)》in http://blog.xuite.net/lmctang2006/gospelcorner/100897453-五旬節派與靈恩的探討(三)

62. 思考 HK：《葛培理，20 世紀最著名的佈道家》in http://www.thinkhk.com/article/2018-02/22/25637.html

第十六、末世篇

1. 《新約聖經‧約翰福音》16 章 33 節
2. 文匯報：《驚世陰謀論》in http://paper.wenweipo.com/2017/12/07/OT1712070005.htm
3. 維基百科：「共濟會」in https://zh.wikipedia.org/wiki/共濟會
4. 知乎：「共济会 33 级会员是什么意思？」in https://www.zhihu.com/question/23209371
5. 末世先鋒：《第一章 真理和傳統(3)》in https://kingdomforjesus.com/2017/01/14/揭露異教對基督徒的影響-第二本書-第一章-真理和-2/
6. 信報通識：《普世價值 universal values》in http://iknow.hkej.com/php/article.detail.php?aid=25032
7. 陳信義：《解開靈界之謎》(台北：博客思出版社，2016)，頁 148
8. 《新約聖經‧馬太福音》24 章 21 節
9. 《新約聖經‧啟示錄》8 章 7 節
10. 《新約聖經‧啟示錄》9 章 3 節
11. 《新約聖經‧啟示錄》11 章 6 節
12. 《新約聖經‧啟示錄》13 章 18 節
13. 《新約聖經‧使徒行傳》1 章 11 節
14. 《新約聖經‧帖撒羅尼迦前書》4 章 17 節
15. 《新約聖經‧啟示錄》20 章 4 節
16. 《新約聖經‧啟示錄》3 章 12 節
17. 《新約聖經‧啟示錄》20 章 14 節
18. 《新約聖經‧啟示錄》20 章 12 節

國家圖書館出版品預行編目資料

解開靈界之謎（續）- 物質界的終局 / 陳信義
作 . -- 初版 . -- 臺北市：博客思，2018.11
　面；　公分
ISBN 978-986-96710-3-3（平裝）
1. 通靈術

　　　　　296.1　　107014542

星象命理系列 5

解開靈界之謎（續）- 物質界的終局

作　　者：陳信義
編　　輯：楊容容
美　　編：楊容容
封面設計：陳勁宏
出 版 者：博客思出版事業網
發　　行：博客思出版事業網
地　　址：台北市中正區重慶南路 1 段 121 號 8 樓之 14
電　　話：(02)2331-1675 或 (02)2331-1691
傳　　真：(02)2382-6225
E－MAIL：books5w@gmail.com 或 books5w@yahoo.com.tw
網路書店：http://bookstv.com.tw/
　　　　　http://store.pchome.com.tw/yesbooks/
　　　　　博客來網路書店、博客思網路書店
　　　　　三民書局、金石堂書店
總 經 銷：聯合發行股份有限公司
電　　話：(02) 2917-8022　　傳 真：(02) 2915-7212
劃撥戶名：蘭臺出版社 帳號：18995335
香港代理：香港聯合零售有限公司
地　　址：香港新界大蒲汀麗路 36 號中華商務印刷大樓
　　　　　C&C Building, 36,Ting, Lai, Road, Tai,Po, New,Territories
電　　話：(852)2150-2100　　傳 真：(852)2356-0735
經　　銷：廈門外圖集團有限公司
地　　址：廈門市湖里區悅華路 8 號 4 樓
電　　話：86-592-2230177　　傳 真：86-592-5365089
出版日期：2018 年 11 月 初版
定　　價：新臺幣 280 元整（平裝）
ISBN：978-986-96710-3-3